新时代教育高质量发展书系
XINSHIDAIJIAOYUGAOZHILIANGFAZHANSHUXI

中国智慧

写给教师的50堂国学教育课

李　隼◎著

中国大百科全书出版社　知识出版社

图书在版编目（CIP）数据

中国智慧 : 写给教师的50堂国学教育课 / 李隼著.
-- 北京 : 知识出版社，2021.2
（新时代教育高质量发展书系）
ISBN 978-7-5215-0305-0

Ⅰ．①中… Ⅱ．①李… Ⅲ．①国学—师资培养—教育
研究 Ⅳ．①Z126

中国版本图书馆CIP数据核字(2021)第018702号

中国智慧：写给教师的50堂国学教育课　　　　李　隼　著

出 版 人	姜钦云
出版统筹	张京涛
产品经理	王云霞
责任编辑	王云霞
特约编辑	田荣尚
装帧设计	李　谈
出版发行	知识出版社
地　　址	北京市西城区阜成门北大街 17 号
邮　　编	100037
电　　话	010-88390659
印　　刷	北京一鑫印务有限责任公司
开　　本	710mm×1000mm 1/16
印　　张	13.25
字　　数	155 千字
版　　次	2021 年 2 月第 1 版
印　　次	2023 年 3 月第 3 次印刷
书　　号	ISBN 978-7-5215-0305-0
定　　价	40.00 元

序

　　教育是关乎千家万户的事业，任何一个社会，都需要教育思想的引领。时代在变，教育也在变。然而，变中也有"不变"，所以，我们要对教育进行哲学的思考，只有搞清楚了哪些需要变，哪些不能变，才能真正做好教育。而教育的本质是什么，什么是好的教育，理想的教育是什么样的，这些最基本的教育问题应是教育哲学思考的源头。只有弄清楚这些最基本的问题，我们才能找到正确的方向，办出有质量的教育。

　　教育是培养人的事业，是一个通过培养人让人类不断走向崇高、生活更加美好的事业。因此，教育最重要的任务是塑造美好的人性，培养美好的人格，使学生拥有美好的人生。如何达成这样的目标？那就需要一批有理想、有情怀、有追求、有实干精神的校长和教师，用自己的青春和智慧去践行。而在现实中，也确实有这样一群人，他们热爱教育事业，关爱每一个学生，一步一个脚印，用脚去丈量教育，用心去感受教育，用智慧去点亮教育。

　　如何将这样一群人聚在一起，用他们的智慧去影响更多的教师？

　　中国大百科全书出版社、知识出版社策划出版了"新时代教育高质量发展书系"，进行了可贵的探索。他们在全国范围内汇聚了60名优秀的教育工作者，这些教育工作者大多是扎根教育一线的优秀校长和教师。书中的经验、实践、体会和思想，既有教学的艺术，也有管理的智慧；既有育人的技巧，也有师德的弘扬；既有教师的发展思考，也有校长的成长感悟；既有师生关系的融通之术，也有家校关系的弥合之道。60本书，60个点，每一个点都是一门学问，一门艺术。

我今年给"新教育"的同人写过一封新年信,题目是"让教育沐浴人性的光辉",从三个方面对教师的工作提出了建议。我也把这三条建议送给这套丛书的作者和读者朋友。

一是要善待我们自己。要珍惜时间,张弛有度,让人生丰盈;发现教师职业魅力,做一个善于享受教育生活的人;培养健康的爱好,做一个有生活情趣的人;与学生一起成长,做一个在教育过程中不断进取的人;不断挑战自我的最高峰,做一个创造自己生命传奇的人。

二是要善待学生。要把学生作为一个真正的人看待,让学生能够张扬自己的个性,发挥自己的潜能,成为更好的自己。在我们教室里的学生,首先是活生生的生命。我们应该从生命的角度考虑,如何帮助他成为一个人,一个有理想、有激情、有智慧的人,一个能够适应社会并且受人欢迎的人,一个挖掘自身潜能、张扬不同个性的人。

三是要把教育的温暖传递给社会。许多问题,归根结底是教育的问题。尽管我们任何一个人,作为个体的力量都是有限的,但是,再渺小的个体,也能够温暖身边的人。所以,我们要让所有和我们相遇的人,都能够感受到我们的美好和温暖,这也是让人与人之间,让全社会变得更美好、更温暖的有效方式。

有人性的人是明亮的,有人性的教育是光明的。让教育沐浴人性的光辉,我们的今天将会更加幸福,我们的明天将会更加美好,我们的世界将会因此璀璨。

是以为序。

朱永新

2020 年 5 月 1 日

目　录

第 一 章

教学篇

第一节　有教无类

【故事】

孔子十五岁的时候开始立志学习，到了三十岁时，已经成为一名博学多才的大学问家。他通晓"六经"，并且谙熟"六艺"，这为他后来的从政、办学奠定了坚实的基础。

不过孔子并不认为自己是个天才，而觉得自己的成就都是靠勤奋学习得来的。所以他说："就算是只有十户人家的地方，也一定会有像我这样忠诚守信的人，只不过没我这么勤奋好学罢了。"

孔子十九岁时娶亓官氏为妻，婚后第二年亓官氏生了一个孩子，鲁国许多人都来祝贺，就连国君鲁昭公都送来了一条大鲤鱼，可见孔子当时在鲁国的名气已经很大了。

孔子的名望越来越高，许多贵族都让自己的孩子师从孔子。鲁国大夫孟僖子临终之际，把两个儿子叫到床前说："孔子学识渊博，将来会成为圣人。我死之后，你们一定要拜孔子为师，跟着他好好学习，将来肯定会有出息的。"孟僖子死后，他的两个儿子孟懿子和南宫敬叔都成了孔子的弟子。

后来，孔子的学生越来越多，于是他干脆辞掉了自己的官职，专心收徒讲学。孔子招生的手续非常简单，学生只要交上十条干肉作为见面礼，就可以被收为门徒。

孔子之前的学校基本都是官办的，受教育者也都是贵族子弟，普通老百姓的孩子是没有资格进入学校学习的。孔子创办私学，提出了"有教无类"的教育口号，强调任何人都有受教育的权利，不应有地位、财富或国别等方面的限制。就地位、财富来说，孔子的学生中有贵族孟懿子、野人子路、盗贼颜涿聚、一贫如洗的原宪、富商子贡等；就国别来说，他的学生中有鲁国的颜回、卫国的子夏、陈国的颛孙师、宋国的司马牛、吴国的子游等。

孔子认为，人一生下来是没有什么差别的，之所以各不一样，都是后天的影响造成的。有一天，一个来自互乡的小男孩想要见孔子。因为互乡是鲁国有名的风气不好的乡村，所以孔子的许多弟子都不主张他接见小男孩。但孔子没有理会弟子们的劝说，让颜回把小男孩喊了进来。

小男孩进门之后，连忙恭敬地向孔子行礼。

孔子问他："你找我有什么事吗？"

小男孩答道："我父亲让我来问问先生，小孩子到几岁才可以上学呢？"

孔子听了这话，非常高兴地说道："只要能认得文字，听得懂我讲的内容，就可以到我这里上学了。年龄大小没有那么重要。"

小男孩谢过孔子，出了学馆。孔子见弟子们还在议论不停，就说："我也知道互乡不是个好地方，但是那里的孩子是纯洁的。他诚心诚意来见我，我只看他眼前的诚心，不问他以前的好坏，让他进来相见，有什么可非议的呢？你们试想一下，假如我把这个小男孩拒之门外，那么生长在风气不好的地方的人，以后都不敢来见我，岂不是阻绝了他们改邪归正的道路吗？"

弟子们听了这番话，都心悦诚服。

【分析】

在孔子之前，教育被贵族阶层所垄断。孔子向这种垄断教育体制发起了挑战，提出了"有教无类"的主张，即每个人都有受教育的权利，不分贵贱、贤愚、贫富、地域，都可以入学接受教育。

孔子的弟子来自五湖四海，入师门后从事各种职业的都有。

也有父子二人同在孔子门下接受教育的，如曾参与其父曾点、颜回与其父颜路，都是孔子的学生。子路曾以桀骜不驯而闻名，甚至对孔子不敬，后来被孔子折服而拜于门下。冉雍的父亲品德恶劣，但是冉雍很有德行，孔子认为，冉雍这样的人是神明也不会舍弃的，谁也不能剥夺他受教育的权利。这些都体现了孔子"有教无类"的教育理念，孔子本人也常常以其"诲人不倦"而引以为豪。

我国实行九年义务教育，是"有教无类"的最好体现。新课程标准强调教育"面向全体学生"，"一切为了学生，为了学生的一切，为了一切学生"成为许多学校的办学宗旨。作为新时期的人民教师，更要公平、公正地对待每一位学生，尤其是"问题学生"，给他们更多的关爱，真正做到"一个也不能少"。

【建议】

真诚的爱、一视同仁的教育、热情的鼓励是打开学生心灵的金钥匙，教师要鼓励学生增强自信，不断努力；要为每一个学生的进步加油鼓劲，使他们真切感受到由自身取得的成绩和进步所带来的喜悦。虽然"问题学生"可能要使我们花很多时间进行细致的教育和引导，然而爱每一个"问题学生"才是对教师的考验，才是"有教无类"的最好诠释，这也正是教师的天职。教师要用发展的眼光看待每个学生，鼓励他们在原有的基础上不断进步。

第二节 教学相长

【故事】

古时候有师徒六人，老师刁钻古怪，常常为难弟子，而实际上他并没有多少学问，他的五个弟子倒都很聪慧。

有一年，他们师徒六人一同参加考试，要过一道关口。几个人走到时，大门已经关闭了，于是师徒开始相互埋怨。老师说："有个对子，你们若能对得上，我就认错，否则就是你们的错。"然后他说出上联："开关迟，关关早，阻过客过关。"

一个弟子应声对道："出对易，对对难，请先生先对。"

老师在上联中描述的是此时此地的情况，弟子也用此时此地的情况对出下联，老师没想到弟子对得这么快，便说道："我让你们对对子，你们偏以对子纠缠，而且非要往我身上扯，这个不算，再重新对。"

老师这样说，是因为他估计没人再能对上了，不料又一个弟子对道："读画易，画画难，推作家作画。"

老师吃了一惊，只好要求每个人都要对，想难住其他弟子好给自己解围。于是，第三个弟子对道："松扣快，扣扣慢，唯侍儿侍扣。"

老师着急地说："还有两个人没对！"

于是第四个弟子对道："停磨逸，磨磨劳，雇帮工帮磨。"

最后一个弟子对的是："听唱寂，唱唱喧，唯解人解唱。"

众弟子对完了，一齐请老师对，老师说："不是我对不出，而是几个好句都被你们用掉了，现在我真没什么可对的了。"

众弟子说："那我们来替先生对吧，下句为：止扇热，扇扇凉，令长随长扇。"

老师听了，仍然不服气地说："'关'对'画'不妥，'扣扣''磨磨''唱唱'都不妥，必须另对，方才算数！"

众弟子于是又对道："掌印官，印印仆，有管家管印——用'印印'对'关关'，妥当吗？"

"还是不妥！"老师说，"'印'与'关'虽然意思相类，但还差那么一点儿。"

众弟子斟酌了一阵，又合成一句为："设渡费，渡渡廉，便快足快渡——用'渡'对'关'，怎么样？"

老师非常惭愧，终于无话可说了。

【分析】

"教学相长"是我国古代教育者从长期的教学实践中总结出来的宝贵的教学理念和教学经验。"教学相长"就是"教"与"学"相互影响，相互促进，从而使教、学双方都得到提高。纵观中国的历史，不计其数的教育工作者，在"教学相长"的启示和引导下，为教好学生而不懈地充实自己，完善自己，为我们树立了榜样。在教育事业加速发展的今天，教师更需要做到"教学相长"，只要我们树立起与时俱进的思想，在浩瀚的知识海洋中以"苦"作舟，勤学、善问、肯做，就能立于不败之地。

教师的劳动是以"灵魂"去塑造"灵魂"，要矫正学生的心理偏差，取得理想的教学效果，教师首先要具备良好的心理素质，用自己的教育行为、教育情感影响学生，发现和指导学生纠正心理和行为上的异常表现。

教师在教学中要非常注重心理因素，教育学生的同时也要进行自我教育、自我完善，以达到师生共同进步的目的。师生之间要互相尊重，教师要提高自己的心理素质，做到与学生真诚相处、教学相长。

一位学生曾经经常不交作业，老师批评教育后，仍不改正。经过老师几次耐心、深入的单独谈话，他终于说出了原因。其实前几次作业他都做了，只是没有按时交，而老师的当众批评使他觉得自己在老师和同学心目中已经不是个好学生，所以后来干脆就不写作业了。

这件事让老师明白，工作的疏忽和粗暴的训斥，会伤害学生的自尊心，让他们失去学习的兴趣。教师不能总高高在上，处处要求学生，必须放下架子，尊重学生，以疏导、帮助、关爱和信任的教育行为来赢得学生的尊重。

此外，师生之间还要互相宽容。一位学生上课开小差，没注意听课，老师刚讲解完练习题，他马上就问怎么做，口干舌燥的老师非常生气，立马就批评了他，谁知这位学生不仅不知错，反而把笔往桌上一扔，干脆不写了。这一行为算得上是火上浇油，但这位老师意识到此时若为了"出气"，用教师的权威和权力继续批评教育，并不是明智的选择。于是课后，老师先是帮助该生补上没听的内容，然后与他谈心。

通过沟通，老师了解到学生如果做了错事，一般心里总是会感到不安，并且有些后悔。如果当时就进行斥责，会使他从自我谴责中跳脱出来，从而产生对抗的情绪，导致不良的后果。如果教师采取宽容的态度，反而有助于学生认识自己的问题，反省自己的行为，激起他的自我批评和自我教育意识。

【建议】

教育学生要注意培养其良好的行为习惯，有了良好的行为习惯，学生才能逐渐塑造良好的性格，才能收获理想的人生。

总之，学无止境、学海无涯。在教育的实践活动中，只要不断探索研究，就会有新的发现、新的提高。韩愈说："师不必贤于弟子，弟子不必不如师。"善于发现学生身上的美德，注意学生好的表现，可以引导他们向健康的轨道发展。学生是一面镜子，教师的言行品质能通过学生反映出来，及时发现，及时调节，就能不断地自我完善。教师只有把提高学生素质和提高自身素质相结合，与学生心心相印，方能教学相长，共同进步。

第三节　循循善诱

【故事】

苏轼能成为才华横溢的大文学家，与他孩童时期启蒙老师的教诲不无关系。苏轼很尊敬这位老师，直到自己六十多岁时，还写文章怀念他。

苏轼八岁开始上学，比现在许多孩子上小学还晚两年，并且去的也不是眉山城里的大学堂，而是一所道观。他的第一位老师就是道士张易简，这位道士正直友善，颇有学识，教育学生也很有方法，所以到此求学的儿童有几百人。

苏轼在这所道观读了三年书，他聪明好学，尊敬师长，进步很快。张老师从不强求和责骂学生，而是采取循循善诱的方法，引导学生打开思路，再加以正确点拨，教学效果很好。

有一天，一位学生正在背诵《道德经》中的"玄之又玄，众妙之门"，苏轼想要弄懂这句话的真正意思，便去问老师："奥妙只有一个，难道还有许多吗？"张老师微笑着说："只有一个奥妙是不全面的啊！只要仔细观察，奥妙是有很多的。"苏轼很快就有所领悟了，不久后还学用结合起来。

一天，他看见在学堂扫地、除草的两个人，手法非常熟练，配合得也很好，就有所感悟地对他们说："你们各有各的奥妙啊！"这件事看起来微不足道，却对苏轼以后的学习产生了一定影响。此后，他在学习和观察事物时都认真仔细，并为自己写下了"旧书不厌百回读，熟读深思子自知"的座右铭。

苏轼进入学堂的第二年，有一位京城来的人来到学堂，并取出石介（时任朝廷国子监直讲）写的一组诗给张易简看。苏轼当时也在场，他觉得这组诗写得好，就暗暗记了下来，还问老师："诗中说的这些都是什么人呢？"因为这牵涉到朝中的政治斗争，不便给学生讲，所以张老师回答说："小孩子没必要知道他们的事！"苏轼却说："如果他们是神，我就不敢知道，既然他们是人，知道又有什么不可以呢？"张老师见苏轼聪明伶俐，便温和地告诉他："这些人是韩琦、范仲淹、富弼、欧阳修，他们不仅有才学，而且很热爱国家，都在努力想办法振兴大宋，使国家富强起来。很多人都支持他们。"苏轼听得聚精会神，一边听还一边点头，虽然年纪尚小，但从此，在他幼小的心灵中开始有了"爱国""振兴国家"这样的概念。后来，他在杭州等地为官时，为百姓办了不少好事。

苏轼快十岁时，有一天，他的父亲苏洵问他："你都快十岁了，也长这么高了，诗书学得怎么样呢？"他自信而爽快地回答父亲："我听从父母和老师的教诲，学习很用功！"苏洵想考考儿子，就给他出了一个作文题《论夏侯太初》，结果他很快就写好了。苏洵看到他的文中"人能碎千金之璧，不能无失声于破釜；能搏猛虎，不能无变色于蜂虿"两句，深感欣喜，并慈爱地对他说："孩子，你写得很有气概，不过还是要更加努力啊！"

在张老师三年的教导下，苏轼学到了很多知识，对老师也十分尊敬。五十多年后，他还经常梦见张老师。为纪念张易简老师，苏轼专门写了一篇散文《众妙堂记》，文中记述了他梦见自己回到学堂，看见张老师还是当年的样子的情景。由此可见张易简老师对他的影响之深，也体现了苏轼尊师的美德。

【分析】

循循善诱这种经典的教学方式，至今还为广大教育工作者所沿用。一位教师总结自己几十年的执教生涯，认为教育艺术的至高境界便是"循循善诱"。

这位教师在教学《林冲棒打洪教头》一文时，叫学生读课文，一个学生把"拨草寻蛇"读成了"拔草寻蛇"。学生出现了错误，教师该怎么办？他没有责怪学生粗心大意，而是在黑板上写下"拨草寻蛇"这个词，让读错的学生上台分别表演"拔草"和"拨草"的动作，然后告诉学生，"拔草"，一般是用双手去拔，而"拨草"一般是手拿棍去"拨"，因此"拨"比"拔"字多了"一根木棍"，右边是"发现"的"发"字。

随后，这位教师让学生想象林冲"拨草寻蛇"的招式，然后和洪教头"把火烧天"的招式进行比较，让学生体会到洪教头"把火烧天"就是打对方的头，欲置人于死地。而林冲"拨草寻蛇"是打对方的小腿，是点到为止。从这两个不同招式中就可以看出林冲武艺之高强、武德之高尚，洪教头那咄咄逼人、不顾对手死活的丑态也跃然纸上。

以上教学可分成三个层次：第一个层次是"拨"与"拔"音形之比较；第二个层次是由"拨草寻蛇"想象习武招式，进入词之义和词之象的境地；第三个层次是把"拨草寻蛇"和"把火烧天"做对比，突出林冲点到为止的崇高境界，由词之义到达人之品的境地。显而易见，在这一教学案例中，教师将"循循善诱"的教学艺术发挥得淋漓尽致。

"循循善诱"体现的是教育的智慧，呼唤的是教育的预设。没有事先精心的准备、缜密的思考，哪来"循循善诱"的魅力？"循循善诱"要讲究教育规律。不由浅入深、由表及里、由此及彼，哪来"循循善诱"的效果？"循循善诱"要关注人的成长规律。不顺其自然，教师随心所欲、自以为是，哪来"循循善诱"的功效？

教师要善于启发学生思考，让学生发现问题、解决问题；要善于引导学生联想，让他们举一反三、融会贯通；要善于点拨学生领悟，让他们豁然开朗、柳暗花明；要善于讲解知识，要一语中的，言简意赅，引人入胜；要善于吸引学生，让他们兴趣盎然、乐此不疲。教师们，请追求"循循善诱"的境界，教育出更多的优秀学生吧。

【建议】

循循善诱指善于有步骤地引导人、教育人。在有步骤的引导中，教师以学生原有的认知为出发点，引导学生学习，当学生思维遇到障碍时，教师给予启发；学生一处障碍消除了，思路畅通了，还会有下一个障碍，教师还要给予启发。学生就这样在教师的教导中学会学习。

循循善诱这种教学艺术不是命令，也不是禁止，而是引导、疏导，是一种"随风潜入夜，润物细无声"式的和风细雨，是一门容易深入人心，并可以收到长久效果的艺术。所以，循循善诱这种教学方式是每一位老师都应该掌握的。

第四节　因材施教

【故事】

有一次，孔子讲完课回到自己的房间，学生公西华和他在一起。这时候，子路匆匆走了进来，大声地向孔子讨教："先生，如果我听到一种正确的主张，可以立刻去做吗？"

孔子看了子路一眼，慢条斯理地说："总要问一下父亲和兄长吧。怎么能听到就去做呢？"

子路刚出去，另一个学生冉有又走到了孔子面前，恭敬地问："先生，我要是听到正确的主张，就应该立刻去实行吗？"

孔子马上回答："对，应该立刻实行。"

冉有走后，公西华好奇地问："先生，一样的问题您的回答怎么完全相反呢？"

孔子笑了笑，说："冉有性格谦恭，遇事畏缩，所以我鼓励他临事果断；但是子路逞强好胜，办事不周全，所以我就劝他遇事多听取别人的意见，思考之后再去行动。"

子路和冉有向孔子请教的是同一个问题，孔子却对他们做出不同的回答。冉有遇事畏缩，所以孔子要鼓励他；而子路遇事轻率，所以孔子加以抑制。具体问题具体分析，针对不同人物的不同特点，用不同的方法去对待。孔子这种因材施教的教学思想，在中国教育史上有着深远的影响。

【分析】

因材施教，不但是我国古代教学经验的结晶，还是现代教学必须坚持的一条重要原则，具有非常丰富的内涵与价值。实施因材施教，对培养适应时代需要的创新型人才，具有非常重要的现实意义。

某校为了鼓舞高三同学的士气，决定在距高考百日那天举行全体高三同学迎接高考"百日誓师"大会，让他们以饱满的精神状态迎接高考，因此要在某班选出一位同学在大会上代表全体高三同学进行誓师发言。

选谁发言可让老师们犯了难。要是平时，女学生小林应该是最佳人选，因为该同学曾多次主持过学校的联欢晚会等大型活动，经验丰富，而且该同学从高一以来就非常优秀，学习很努力，高二以来学习成绩一直保持在班上前三名、年级前十名，是老师和同学公认的品学兼优的好学生。可小林最近的表现却让人非常忧心，她居然公开跟班上一个学习成绩差、纪律表现也不好的男同学成天出双入对，谈起他们所谓的"恋爱"来，造成了非常不好的影响。

老师与小林进行了多次推心置腹的谈话，提醒她权衡利弊，先专心应对高考，小林当面流泪，并痛下决心认真学习。但没过多久，她又开始和男同学偷偷交往，学习成绩也逐渐下滑，老师找她沟通学习成绩下降的原因，她却没有从主观上分析原因，而是找了很多客观因素，思想上还是没有彻底醒悟。能让她去誓师发言吗？

班上另一位女同学小陈是个孤儿，是奶奶和表姐等亲戚供养她、照顾她。老师也经常关心她，并让她从学校里得到尽可能多的帮助。经过老师们扎实有效的思想教育工作，小陈一改以前自暴自弃和反复无常的学习态度，高三以来一直非常努力，学习成绩也逐渐赶了上来。小陈一直以来热爱文学，参加过县里的演讲比赛，虽然只拿了"鼓励奖"，但誓师演讲应该没有问题。另外，小陈最近找老师谈心，哭着说自己已经非常努力了，但由于文综基础差，成绩难以继续提高，她感到非常痛苦，信心又动摇了。是应该好好再给她鼓鼓劲了。经过反复斟酌，老师最终决定让小陈进行誓师发言。

当老师在班上宣布这个决定时，小林的表情很复杂，她心里肯定有触动和失落。就让她好好反省反省吧。课后，小陈问道："老师，为什么不叫小林去呀？我可以吗？"老师说："不让小林去的理由高考之后再告诉你，你是今年班上学习成绩进步最快的学生，是学习后进学生最好的榜样，而且你曾经在县里参加过演讲比赛，老师相信你能行，你好好准备一下吧！"小陈使劲点了点头。

"百日誓师"大会如期举行，高考的总复习也在紧锣密鼓地进行。三个多月后，高考结束了，成绩出来了，录取通知书到了，小林与小陈都考上了二本学校，并且是很理想的专业。小林超过二本线三十多分，还获得了学校的奖学金，正常发挥了自己的实力和水平。小陈则属于超水平发挥，超过二本线十几分。在大家都觉得文综很难的情况下，小陈考了单科全班第一名，让大家感到非常意外。小陈和她的家人为了表达对学校和老师的感激之情，特意向学校送了一块"育人典范，师恩难忘"的感恩匾。

后来，这两位同学去看望老师，大家聊起当初誓师发言的事情。小陈回忆说，作为一个学习成绩不是非常突出的学生，在大会上代表全体同学誓师发言，既给了她巨大的压力，又给了她无穷的动力和信心，从而让她克服了一次又一次的困难，在考场上也非常有信心，考文综时头脑非常清醒。小林也回忆说，没有去誓师发言，当时自己确实感到失落，也进行了深刻的反省，后来学习时注意力能够集中起来，效率也就提高了，成绩也逐步稳定下来。她们最终都明白和理解了老师那次决定的深意。

每位教师都应该在新课改理念的指导下，用热情和爱心去引导每一位学生健康而有个性地成长，这就需要做到因材施教。教师要善于捕捉一切可教育的契机，大胆而艺术地进行教育实践，只要用真诚的爱心、足够的耐心、坚定的信念去引导和教育学生，一定会收获意想不到的惊喜！

【建议】

所谓因材施教，是指教师从学生的实际出发，使教学的深度、广度、进度适合学生的知识水平和接受能力，同时考虑学生的个性特点和个性差异，使每个人的才能、品行获得最佳的发展。

如何做到因材施教呢？

一、针对学生的特点进行有区别的教学

了解每个学生的特点是做好因材施教的基础。教师应当了解每个学生德智体美各方面发展的特点，各学科学习的情况，有何兴趣、爱好、特长以及不足之处，然后有目的地进行教导。对反应迟钝的学生，要鼓励他们积极思考，勇于回答问题和讨论交流；对注意力不集中、学习不专心的学生，要多暗示、提醒、提问，培养他们的自控能力；对视觉、听觉不好的学生，要照顾他们，让他们坐在比较适合的地方；对能力较强而态度马虎的学生，要给他们一点难度较大的作业，并严格要求他们精益求精；对语言表述缺乏条理的学生，要多让他们在课堂上进行复述和发言，以克服其不足；对学习感到很轻松或很困难的学生，要加强个别辅导，给能力强者开点"小灶"，对困难者给予特殊帮助。

二、采取有效措施，使有才能的学生得到充分的发展

现行的班级授课注重面向全体，往往搞"大家齐步走"，而难以照顾到所有学生，因此使许多学生的才能发展受到局限。而随着现代科技的发展，国际上各个领域的竞争加强，都要求学校教学注意从小培养有特殊才能的学生。因此，教育要重视探索和采用一些特殊措施或制度，使有才能的学生得到更好的发展。如对有特殊才能的学生请有关学科的教师或校外专家进行专业指导，让他们参加一些课外小组或校外活动、竞赛；在有条件的学校试行按能力分班教学；开设一些选修课以照顾学生的兴趣与爱好；

允许成绩优异的学生跳级，使他们的才能获得充分的发展。

第五节　不愤不启，不悱不发

【故事】

鲁国有个人叫孺悲，据说是孔子的弟子，曾跟随孔子学习丧礼。一次，孺悲来见孔子，孔子推说生病了不见他。孺悲一出门，孔子就拿出琴来边弹边唱，故意让孺悲听到。孔子不愿意见孺悲，但是又想办法让他知道，这种看似矛盾的行为就是为了启发孺悲自我反省。这样的教育方式，有时比当面教育更有效果。

【分析】

"不愤不启，不悱不发"是孔子论述启发式教学的重要名言，对后世产生了重大的影响。卓越的课堂教学艺术，诞生于由浅入深的启发式教学之中。运用启发式教学，常常可以催生出学生孜孜以求的答案。而课堂提问是启发式教学的必要手段，是检验启发式教学成败的关键。如何使课堂提问成为联系师生的纽带，成为启发学生掌握智慧之门的钥匙呢？

【案例】

师：如果在午夜12点的时候，辛德瑞拉没有来得及跳上她的南瓜马车，你们想一想，可能会出现什么样的情况？

生1：辛德瑞拉会变回原来脏脏的样子，穿着破旧的衣服。哎呀，那可就惨啦。

师：所以，大家一定要做一个守时的人，不然就可能给自己带来意想不到的麻烦。另外，你们每个人平时都要打扮得漂漂亮亮的，千万不要突然邋里邋遢地出现在别人面前，否则你们的朋友一定会被吓一大跳。好了，下一个问题：如果你是辛德瑞拉的后妈，会不会阻止她参加王子的舞会？你们一定要诚实回答哟！

（过了一会儿，有人举手回答）

生2：我会，如果我是辛德瑞拉的后妈，我会阻止她去参加王子的舞会。

师：为什么？

生2：因为我更爱自己的女儿，我希望自己的女儿当上王后。

师：是的，我们看到的后妈好像都是不好的人，可是她们只是对别人不够好，对自己的孩子却很好，你们明白了吗？她们不是坏人，只是她们还不能够像爱自己的孩子一样去爱其他的孩子。同学们，下一个问题：辛德瑞拉的后妈不让她去参加王子的舞会，甚至把门锁起来，可她为什么能够去，而且还成为舞会上最美丽的姑娘呢？

生3：因为有仙女帮助她，给她漂亮的衣服穿，还把南瓜变成马车，把狗和老鼠变成她的仆人。

师：对！你说得非常正确！想一想，如果没有仙女的帮助，辛德瑞拉是不可能去参加舞会的，是不是？

生3：是的。

师：如果狗和老鼠都不愿意帮助她，她能在最后的时刻成功地回到家里吗？

生3：不能，那样她就可以成功地吓到王子了。

师：虽然辛德瑞拉有仙女帮助她，但是，光有仙女的帮助还不够。所以，同学们，无论走到哪里，我们都是需要朋友的。我们的朋友不一定是仙女，但是，我们需要他们，我也希望你们有很多很多的朋友。下面，请你们想一想，如果辛德瑞拉因为后妈不愿意她参加舞会就放弃了机会，她可能成为王子的新娘吗？

生4：不可能！那样的话，她就不会出现在舞会上，就不会被王子看到，王子也不会认识并爱上她了。

师：非常好！如果辛德瑞拉不想参加舞会，就算她的后妈没有阻止，甚至支持她去，也是没有用的，是谁决定她要去参加王子的舞会？

生：（集体）她自己。

师：所以，同学们，就算是辛德瑞拉没有妈妈爱她，她的后妈不爱她，也不能够让她不爱自己。就是因为她爱自己，她才可能去寻找自己希望得到的东西。如果你们当中有人觉得没有人爱，或者像辛德瑞拉一样有一个不爱自己的后妈，你们要怎么样？

生：（集体）要爱自己！

师：对，没有一个人可以阻止你爱自己，如果你觉得别人不够爱你，那么你就要加倍地爱自己；如果别人没有给你机会，那么你就应该加倍地给自己机会；如果你们真的爱自己，就会为自己找到自己想要的东西——没有人能够阻止辛德瑞拉参加王子的舞会，没有人可以阻止辛德瑞拉当上王后，除了她自己，对不对？

生：（集体）对！

师：很好，最后一个问题，这个故事有什么不合理的地方？

生5：（过了几分钟）午夜12点以后所有的东西都要变回原样，可是，辛德瑞拉的水晶鞋没有变回去。

师：天哪，你们太棒了！你们看，就是伟大的作家也有犯错的时候，所以，犯错不是什么可怕的事情。我相信，如果你们当中谁将来要当作家，一定会比这个作家更棒！你们相信吗？

生：（集体）相信！

【建议】

"不愤不启，不悱不发"说的是如果学生不经过思考并有所体会，想说却说不出来时，就不去开导他；如果学生不是经过冥思苦想，却又想不通时，就不去启发他。这句话说明对学生要严格要求，先让他们积极思考，再进行适时启发。

孔子认为，学生在学习过程中，心求通而不得、口欲言而不能时，是思考有所得的表现，教师要抓住良机，用点石化金之术，适当启发，唤起他们的积极思考，能够"举一隅以三隅反"，这正是人们常说的"举一反三"，也是我国古代启发式教学的体现。启发式教学的内涵极其丰富，反映了民主平等的师生关系。教学的成败不仅仅取决于教师的启发，同时也取决于学生能否积极主动地思考。

总而言之，教师提问要经过缜密思考，精心设计，使问题不提不行，学生不答不行；教师还要把握时机，做到温火适度，恰到好处，才能将学生自然而然地唤醒。

在整个教学过程中，激发学生学习的动机和兴趣，培养他们的求知欲和主动性是确保教学成功的关键。所以说，教师的教学应注重启发诱导，学生的学习则重在参与其中。只有师生相互配合默契，教与学达到共振共鸣，才是完美地结合，也才是教学的理想境界。

第六节　温故知新

【故事】

《左传》上有段记载，说的是晋国史官董狐因记录"赵盾弑其君"一事而引起一场辩论。后来，又因孔子对此事发表评论，它的影响进一步扩大。孔子说："董狐，古之良史也，书法不隐。赵宣子，古之良大夫也，为法受恶。"到了战国时期，孟子进而指出这样一个事实："孔子成《春秋》，而乱臣贼子惧。"这表明，史学在社会中的作用较为突出。

此后，古人们对历史知识的论述，屡屡见于各种典籍，其中多有真知灼见、精辟论断。他们在社会实践中对历史知识、历史经验、历史智慧的运用，以其突出者而论，应有如下数种：

一是作为治国安邦的借鉴。中国人很早就懂得以史为鉴的道理。人们了解历史，以历史上的治乱兴衰、成败得失作为现实的借鉴。司马迁撰写《史记》，考察历史上的"成败兴坏之理"，反映出了史学家的神圣职责和卓越见识。唐太宗说的"大矣哉，盖史籍之为用也"，是切身感受到史学知识在"贞观之治"时代的重要作用的体现。

二是作为惩恶劝善的参照。史学的重要价值，除了政治上的借鉴，还在于全社会的历史教育方面。对此，唐代史学家刘知几概括得非常好："史之为用，其利甚博，乃生人之急务，为国家之要道。"所谓"生人"之急务，是指人们通过读史，能达到"见贤而思齐，见不贤而内自省"的教育目的。正是在这个意义上，他强调"史之为务，申以劝诫，树之风声"。

三是增益智慧的源泉。随着历史的发展和史学研究的进步，人们对于社会历史演进中的某些普遍法则逐步有所认识，揭示出读史与"明道"的关系。元代胡三省在《新注资治通鉴》序中指出："夫道无不在，散于事为之间，因事之得失成败，可以知道之万世亡弊，史可少欤！"清末龚自珍进一步提出"欲知大道，必先为史"的命题，大为世人所重。

四是培养人才的途径。春秋时期，读史就被视为培养人才的一个重要途径，秦汉以降，历代相沿。唐代科举，设有史科，通史即可擢用。顾炎武生活于明清之际，认为沿用唐制，设史科，"十年之间，可得通达政体之士，未必无益于国家也"。

当然，史学在社会中的地位，还可以从其他方面加以说明，然以上四种，就足以表明其地位的重要。先贤有一句著名的古训，即"温故知新"，人们之所以要"温故"，是因为"故"有其认识上、实践上的价值；从"温故"中走向"知新"，即在结合现实中提出新的认识，进而有裨于新的实践，反映了人们在历史进程中一种自觉的进取意识。

【分析】

《论语·为政》中的"温故而知新，可以为师矣"这一章，可以说是孔子的教育观，正确认识这一章的含义，对现代教育有很好的借鉴意义。关于这一章，自古以来主要有两种解释。一种是以郑玄的解释为代表，一种以何晏的解释为代表。

郑玄认为，"温"，是温习。温习旧知识，而有新的体会，就可以当老师了。何晏则认为，"温"是寻找的意思。他说："温，寻也。寻绎故者，又知新者，可以为人师矣。"在这里，"故"不是指旧知识，而是指"缘故""缘由"，"新"指知识的由来、根由。他认为这句正确的意思应是：寻找缘由，而知道知识的来龙去脉，才可以为人师。事实上，从这两个方面理解"温故知新"，都能让我们得到很好的借鉴。

孔子本人非常重视对知识来龙去脉的把握，注重对知识追根溯源。如他给学生讲"礼"，不只是局限于对现有的礼的知识的传授，更注重考察礼的由来、发展与变化。他到杞国考察夏礼，到宋考察殷礼，了解礼的演变。他说："夏礼吾能言之，杞不足征也；

殷礼吾能言之，宋不足征也。文献不足故也。足，则吾能征之。"正是这种对知识来龙去脉的深入考究，才使得他能够知晓三千年后的礼。子张问："十世可知也？"子曰："殷因于夏礼，所损益，可知也；周因于殷礼，所损益，可知也。其或继周者，虽百世，可知也。"意思是说，如果知道殷对于夏礼的取舍，知道周对于殷礼的取舍，就会知道哪些礼是不会变的，哪些礼会做些改变，并且会知道改变的方向。这样，三千年后的礼主要是什么样的，也是可以知道的。孔子之后，两千多年过去了，传统的美德的确没有什么改变，可见孔子的预测是正确的，这正是立足于对礼的知识的精确把握上。

正是这种"温故而知新"的精神，使得孔子没有把知识看成死的知识，而能够从生活的本质上给学生以合理的解释。如宰予认为守孝三年太长，一年就行了。孔子不是以老师的权威强迫他接受守孝三年的礼制，而是充分地讲明三年守孝的由来，是因为"子生三年，然后免于父母之怀"。讲解知识从根源讲起，自然容易使学生接受。

【建议】

历史的发展和社会的进步，不能没有物质动力，更不能没有精神动力。精神动力，在这里主要是指中华民族自强不息、勇于进取的民族精神。显然，如果不懂得中国历史，也就难得具有这种精神，从而也就失去了这种精神动力。因此，在新时代要实现中华民族的伟大复兴，我们必然要坚持温故知新。

在教育领域同样也是如此。知识是思维的结果，又是思维的工具。教师要从新旧知识的联系入手，积极拓展学生的思维。比如，数学知识具有严密的系统逻辑，就学生的学习过程来说，某些旧知识是新知识的基础，新知识又是旧知识的引申和发展，教师每教一点新知识，都要尽可能复习有关的旧知识，充分为学生搭桥铺路，教导他们运用知识迁移规律，在获取新知识的过程中锻炼思维。这样学生温故知新，将新知识纳入原来的知识系统中，既丰富了认知，开阔了视野，也使思维得到了发展。

教学的目的不仅在于传授知识，更要注重教给学生学习的方法，培养学生思维能力和提升良好的品质，温故知新，是全面提高学生素质的必由之路。

第七节　举一反三

【故事】

古代有个和尚，收了两个徒弟。一天他叫两个徒弟各摘一篮杏，对他们说："你们回去后，把杏剥开，看看里面是不是都有杏仁，谁先弄清就先告诉我。"

大徒弟回家后就赶紧把杏一个个剥开，剥完后发现都有杏仁，连忙去告诉师傅，可小徒弟早就来了。小徒弟说："我只挑选了一个大的，一个小的，一个黄的，一个浅黄的，一个圆的，一个椭圆的，我发现它们都有仁，据此便推测出来所有杏都有杏仁。"

【分析】

孔子曾经说过："举一隅不以三隅反，则不复也。"意思是说，他举出一个方面，学生要能灵活地推想到另外三个方面，如果不能的话，他就不会再教这些学生了。后来，大家就把孔子说的这句话概述成了"举一反三"这个成语，意为从一件事物的情况、道理灵活类推而知道其他事物的情况、道理。

所谓"举一反三",就是教师要抓住知识之间的内部联系,讲清基本概念和运用规律,然后指导学生运用这些概念和规律去获得新的知识。这样,学生既学到了基本知识,又获得了学习知识的方法;既理解了知识的结论,又了解了这个结论的由来和发展,提高了分析问题和解决问题的能力。因此,"举一反三"的方法应广泛应用在教学的各个方面,教师应在教学的各个领域重视培养学生"举一反三"的能力。

【建议】

在教学活动中,教师的任务是引导和帮助学生进行知识的再创造工作,而不是把现成的知识灌输给学生。作为现代教师,要引导学生大胆去想,学会多层次、多角度地解决问题,培养他们举一反三的能力。那么,如何使学生在学习中做到举一反三呢?

以历史教学为例,一位执教教师把学法指导贯穿于教学的全过程,以此来培养学生举一反三的学习能力,取得了良好的教学效果。

一、备课时兼顾学法

备课是实施课堂教学的一个重要环节。教师备课时既要考虑教什么、怎么教,又要考虑学生的知识储备,组织教学内容、选择教学方法等要有助于学生的学习。例如讲授"亚洲的觉醒"一节,教师备课时必须考虑如何帮助学生得出"觉醒"的结论,可以指导学生把1857-1859年的印度民族起义和20世纪初印度国大党领导的民族起义爆发的背景、领导阶级、斗争的性质、影响做比较,进而得出结论。又如"自从有了中国共产党,中国革命的面貌就焕然一新了",分析"新"在哪里等。长此以往,学生举一反三的能力就能得到提升。

二、课堂教学中渗透学法

课堂教学中，能否有效地把学法渗透其中是成败的关键。教师在讲解具体问题时，要把分析问题的相关方法揭示出来，使学生学会在遇到同一类问题时能够用相关方法去分析，并形成适合自己的解决问题的思维习惯。为此，教师应注意指导学生学会分析历史概念的内涵和外延，了解历史知识的内在联系，提高历史思维能力。

三、学会总结历史的规律，活学活用

作为一门人文学科，历史学科不像数理化等自然学科那样有定理、公式可循，但历史的发展也有一些普遍性规律，许多历史事件之间往往有着惊人的相似之处，教师在历史教学中要有意识地引导学生进行归纳、概括和总结，找出其中的规律。如学习中国古代史，教师可以指导学生把历代王朝经济恢复和发展的原因进行归纳，以发现其共性：统一和稳定的政治局面；统治政策的调整；生产工具的改进、水利的兴修、科技的推广；民族融合的加强；中外交流的密切；前代经济发展的经验；广大劳动人民的辛勤劳动。当然，在掌握共性的同时也要注意把握每个朝代的不同，这样学生学起来就会做到举一反三。

综上所述，只要我们坚持把学法指导贯穿于教学活动全过程，那么，教学效率的提高就是显而易见的。

第八节　学而不厌，诲人不倦

【故事】

子贡曾经问孔子："老师您称得上是圣人了吗？"孔子回答说："圣人可称不上。我不过是学不厌且教不倦罢了。"子贡说：

"学不厌是智，教不倦是仁。智仁兼备，老师您的确称得上是圣人了啊！"

因为"学而不厌，诲人不倦"，孔子被子贡称为圣人，可见这条教学法则的重要性。

【分析】

"学而不厌，诲人不倦"这八个字，可以说是家喻户晓，更被广大的教育工作者奉为圭臬。其实孔子不仅这样说了，而且还这样做了，他本人就是这样的典范。他曾说："三人行，必有我师焉。"其谦逊、好学的精神令人钦佩。孔子还是"乐教"不悔、诲人不倦的榜样。他废寝忘食、呕心沥血的忘我精神，被弟子们大加赞扬。

孔子"乐教"精神的出发点虽然是企图改革贵族政治的目标和实施"仁政""德治"的政治要求，但也反映了他好学上进、热爱教育的精神，反映了他对弟子们强烈的责任心。这正是一个有良知的伟大教育家所必须具备的优秀品质，也是社会对每一位教育工作者提出的迫切要求。

我国著名教育家陶行知认为，教师要"活到老、做到老、学到老"，应该"教学做合一"。从他的"每天四问"中，可以看出教师要不断反思自己的行为；从他倡导的"艺友制"中，可以看出教师需要终身学习的教育理念，以及民主、平等、互助的学习意识。陶行知的这些思想对新课程下教师参与的园本研修起着重要的指导作用，能促进教师专业化发展。借鉴陶行知的教育理念，牢固树立学习思想，以园本研修为载体，积极参与研究学习，是当前教师发展的新形势。"在行动中学习，在学习中发展"的园本研修策略，不仅具有针对性和可操作性，而且符合陶行知的教育思想，能促进教师向学习型教师发展。

一、学习陶行知思想，强化学习意识，做学习型教师

（一）树立危机意识，做"活到老，学到老"的学习型教师

陶行知很早就提出了"活到老、做到老、学到老"的理念。他说："生活教育与生俱来，与生同去，出世便是破蒙，进棺材才算毕业。"他对如何做一个现代人更有精辟的论述："做一个现代人必须取得现代的知识，学会现代的技能，感受现代的问题，并以现代的方法发挥我们的力量，时代是继续不断前进的，我们必须得参加在现代生活里面，与时代俱进，才能做一个长久的现代人。"在日新月异、时刻充满着变化的社会里，坐井观天将永远止步不前，只有拥有"活到老，学到老"的精神，才能跟上时代的步伐，才不至于被社会淘汰。正如陶行知说的那样："学习，学习，学习，学到人所不知，人所不能……我们要虚心跟一切人学，跟先生学，跟大众学，跟小孩学，跟朋友学，跟大自然学，也跟大社会学，要学得专，也要学得博。"

人类发展永无止境，科学进步永无止境，肩负着传递新知识这一伟大使命的教师队伍建设也永无止境。当前，我们需要教师用长远的眼光来审视教育的宏伟与宽广，让教育适应知识经济的要求，教师需要时时更新教育的观念并拓展教育的内容与范围。教师应该牢固树立危机意识，不断加强学习，努力开拓，与时俱进。一面教，一面学，教到老，学到老。

（二）树立问题意识，做"每天四问"的学习型教师

未来的教师发展方向应当是成为学习型教师，应当具有现代教育理念，精通教学内容，掌握现代教育技术和方法，并以积极健康的人格魅力和高超的教学技艺指导学生学习。随着社会发展进程的加快，新课程改革的步伐也在不断加快，教师要通过持续

学习来更新观念、充实知识、掌握方法，在客观审视现实的同时不断超越自我。陶行知的"每天四问"能有效地帮助教师理解新课程，树立问题意识，了解自己的教学内容是否适合孩子的接受水平，教学手段和方法是否能有效地调动孩子的学习兴趣，教学效果是否能促进孩子的发展……在课程实施的过程中，我们还必然会碰到许多新问题，这些问题的解决主要靠教师自己的研究和探索。从发现问题到解决问题的过程就是教师从学习到发展的过程。教师树立问题意识，从每天的问题开始学习，能有效促进他们提升自己的水平。

二、学习陶行知思想，参与园本研修，做学习型教师

园本研修是提升学校教育能力、提高教师专业素质、改善教师职业生活的必由之路。教师积极参与园本研修，在研修中学习与成长是当前师资培训的主要方式。以园为本、以人为本的多种形式的研修活动，能切实有效地提高教师的业务能力，引领他们主动学习，向专业化方向不断发展。

（一）行动中研究，教学做合一

行动研究是园本研修的主要形式之一，也是陶行知坚持倡导的教育研究形式。陶行知曾提出："行动是老子，知识是儿子，创造是孙子。""行是知之始，知是行之成。"广大教师要"在做中学""在行动中研究"，"教学做是合一的"。作为一线教师，我们每天都"行动"在课堂一线，每天都会产生最鲜活的课例。这些课例是教师课题教学"轨迹"的真实反映。教师要通过定教材、现场观察记录课例、分析反思群体评议、改进教学设计、形成案例分析报告等一系列课例研讨的形式，结合同题开课、一课多上等推进园本研修的深入开展。在行动中研究，园本研修的活动才有意义，教育科研的氛围才能逐渐浓郁，学习型教师的队伍才能不断壮大。

（二）研究中反思，学习中完善

随着课改的深入，教学反思备受教师的关注，已经成为"促进教师专业发展和自我成长的核心因素"。反思是提升教师素质的重要途径，教师在教育教学行动中必须"慎思"。

陶行知认为，教师"慎思"要做到"五字"，即"一""集""钻""剖""韧"。"一"是对教育教学问题和现象一心一意地研究；"集"是对所研究的问题多角度观察，收集原始信息；"钻"是深入反思，探索解决问题的方法；"剖"是剖析教育教学现象，透过现象寻求本质；"韧"是要求教师坚持不懈，锲而不舍，不断进取。

教师的反思少的只有几行字，多的有几百字甚至几千字，但记录的都是他们教学实践中的真实感受及思考。教师通过反思，真正把问题变成了课题，把课堂变成了研究的主阵地，把自己变成了研究者。教师需要在研究中不断地反思，在学习中不断地完善，时时处处用新课程理念来思考自己的教学理念、教学设计、教学过程、教学行为和教学反馈，使反思与学习能有效地促进理论与实践的结合，从而帮助自己向学习型教师转变。

（三）专家引领，同伴互助

专业引领是指各层次的专业研究人员对园本研修的介入。有了专业引领，就避免了"萝卜烧萝卜"。

教师要想做得好，就需在劳力的基础上劳心，"行以求知知更行"。园本研修基于学校，是对学校问题进行研究，教师研究水平的提升，需要专家的专业指导和学术支持。同伴互助是相对专家引领低一层次的学习方式，但比专家引领更能让教师们接受，因此是开展园本研修的实效性保证。同伴互助可以通过教师群体的智慧，发挥团队合作的巨大优势，让每位教师在交流与合作中进行思维的碰撞、情感的沟通，发挥各自的优势，弥补个人的局限与不足。要把陶行知"教学做合一"的"艺友制"教育思想与现代教学理念、校本教研制度建设相统合，以民主、平等的关系为基石，以互动交往的行动研究为方式，来培育新型教师，使整个学校成为一个教研共同体。

1．理论引领

即专家针对课堂教学中的有关问题，做专题的、系列性的讲座，使教师明确某些特定的教学行为的操作要领，同时介绍课程改革的背景，解读新纲要新课程的标准和内容，讲解课程改革对教师素养的要求，并与教师进行互动式交流，让他们领会课程改革的主要精神，掌握课程标准细则，了解课程发展的信息，明确自身发展的目标。从而引领教师努力学习，提高专业素养，把理论运用到教育教学实践中去。

2．现场引领

即邀请专业研究人员与教师共同备课、听课、评课，有针对性地对教师进行面对面的培训，帮助青年教师发现不足，及时调整教学思路，学会运用科学灵活的教学方法，实现课堂教学最优化。骨干教师要开设示范课或研究课，以新的教育理念和教学方式来引领和激励青年教师。公开课展示，也是学校内部或学校之间教师同伴互助的常见形式。它使教师有互相交流与学习的机会，有助于教师深入研究教学，提高教育质量；也能让教师在与同伴的比较中产生共鸣，看到差距，相互学习，相互竞争，取长补短，积极学习教学理论，主动更新教学观念，自觉投入教学研究。

3．结对互助

"师徒结对"是最基本、最传统的带教方式之一，即每位骨干教师带教1-2名青年教师对其进行指导。随着新课程的实施，"带教"的内涵与形式也在扩展和创新，除了传统的"带教"作用外，"师傅"与被带教的"徒弟"还能建立起一种新型的指导、合作、共建、发展的关系。在"师徒结对"制度下，骨干教师和青年教师通过互学互助，一起得到快速的成长。

4．沙龙研讨

沙龙式研讨是一种教师自愿参加的、可以自由发言的、针对教学实际问题的讨论会。沙龙式研讨营造出宽松自由的教研氛围，让教师在"聊一聊""议一议"中探讨教学中遇到的实际问题或课改中的"难点""热点"问题。针对问题，大家谈感悟、讲困惑、议策略、找办法，你一言我一语地进行探讨。通过讨论、争论，各种观点互相碰撞，有时可以达成共识，有时虽然存在分歧，但不同的意见也激发其他教师对这个问题的思考。沙龙研讨让教师在不同的见解中提高认识，促进他们不断地进行学习和探索。

"要想学生好学，必须先生好学。唯有学而不厌的先生才能教出学而不厌的学生。"学校要努力营造研修氛围，扎实开展工作，形成特色，引领教师深刻领悟陶行知的教育思想，勤学乐思，不断更新教育观念，积极参加园本研修，激励教师"在学习中成长、在反思中提升、在实践中发展"，培养一支高素质的学习型教师队伍。

【建议】

子曰："学而不厌，诲人不倦。"做人要不断学习，不感到厌烦；教育学生要有耐心，不感到疲倦。"学而不厌"，作为教师，尤其要做到这一点。

教师是学生的典范，要让学生做一个终生学习的人，首先教师要做一个终生学习的人。"身教重于言传""亲其师，信其道"，教师应该是学生好的榜样。但教师要真正做到"诲人不倦"，并不是一件容易的事。教育孩子要有耐心，我们经常这样说，但事实上，许多教师并没有真正理解这一点，有些教师会在课堂上生气、发火，就是因为缺少耐心。

教师在课堂上失去理智，冲动行事，除了伤害孩子的感情以外，别无他用；教师的喋喋不休，除了让孩子耳根的茧子更厚以外，没有其他意义。这些其实都不是我们想要的，我们想要的是什么呢？无非是希望孩子好好学习，好好成长，如此而已。有没有更有效的办法呢？回答是肯定的。每一位教师都可以做出以下这些尝试：当孩子上课走神的时候，原谅他，提醒他，毕竟学习是孩子的事，他没做好，希望得到的是老师的帮助；当课堂秩序混乱的时候，不要对孩子大呼小叫，应该考虑是不是我们的课堂对孩子没有吸引力？并及时调整课堂氛围，把孩子吸引过来；当孩子没有完成作业的时候，帮他找出没有完成作业的原因，帮助他下次完成作业，使他体验及时完成作业的成就感；当孩子犯了错误时，耐心一点，调查清楚事情的来龙去脉，找出他存在的问题，有的放矢地去跟他谈，帮他认识自己的错误，这才是我们的目的。"诲人不倦"四个字看起来很简单，但蕴含的是教师博大、无私、温暖的爱。

第九节 学然后知不足，教然后知困

【故事】

曾参是孔子的弟子之一，他倡导以"孝恕忠信"为核心的儒家思想，是儒家学派的重要代表人物，被后人尊为"宗圣"。

一次，孔子与弟子们谈论起座右铭，曾参说："我每天都要多次反省自己：替别人做事是否尽心尽力？与朋友交往有没有不诚实的地方？老师传授的知识自己有没有认真复习？"孔子对曾参说的表示非常认可。

无论是师从孔子学习，还是自己收徒讲学，曾参都非常勤奋，并且时刻注意反省自己的言行。正是靠着这种坚持自省、不断反思的精神，曾参不断提升自己的修养与学识，最终成为儒学大家，为儒家学派的传承发展做出了重大的贡献。

【分析】

《礼记·学记》中说："学然后知不足，教然后知困。"这两句话说的就是对教学的反思，是教师成长不可缺少的途径。有位教育名家说："一个教师写一辈子教案不一定成为名师，一个教师写三年教学反思却可能成为名师。"坚持写教学反思，我们的教学艺术和教育思想，就能迈向"真、善、美"的更高境界。

一、反思教育教学实践

（一）反思的含义

反思即教师以自己的实践过程为思考对象，对自己所做出的行动、决策以及由此产生的结果进行审视和分析。它是立足于自我之外，批判地考察自己的行动及情境的能力。从某种意义上说，教师的反思能力决定着他们的教育教学实践能力和在工作中开展研究的能力。有关研究证明，成功的、有效率的教师倾向于主动和创造性地反思他们事业中的重要因素，包括他们的教育目的、课堂环境，以及他们自己的职业能力。因此，反思被广泛地看作教师职业发展的决定性因素。

美国心理学家理查德·艾伦·波斯纳十分简洁地总结出了教师成长的规律："经验＋反思＝成长。"并指出，没有反思的经验是狭隘的经验，至多只能形成肤浅的知识，教师如果仅仅满足于获得经验而不对经验进行深入地思考，发展将大受限制。

反思教育教学实践不仅要求教师从技术上思考、质疑或自我评价，而且还要求他们运用反思的结果矫正自己不良的教育教学行为，并在今后的教育教学实践中加以运用。

美国教育家布鲁巴赫等人认为反思性教育教学实践可分为三类：一是"对实践的反思"；二是"在实践中反思"；三是"为实践反思"。"对实践的反思"是指反思发生在教育教学实践之后，"在实践中反思"指的是反思发生在实践的过程中，而"为实践反思"则是前两种反思的预期结果，即"对实践的反思"与"在实践中反思"的目的，最终要形成超前性反思的良好习惯。

（二）反思的步骤

概括国内外有关的研究成果，我们可以提出一个教师反思的框架：

1．发现问题

即教师关注教育教学中的特定问题，并从学校环境、课程、学生、教师本身等方面收集有关资料。收集资料的方法包括自述与回忆、他人的参与性观察、角色扮演、轶事记录、各种检查表、问卷、访谈等，也可借助于录音、录像、档案资料等。教研组、平行班老师要创设轻松、信任、合作的气氛，在合作中帮助教师发现问题所在。

2．分析问题

即教师分析收集到的资料，特别是关于自己教育教学活动的信息。教师以批判的眼光审视自己的思想、行为，包括自己的信念、价值观、态度、情感和技术方法等，以形成对问题的认识，明确问题的根源所在。这里，教师可以通过自我提问来帮助对问题的理解，也可以通过合作的方式（相互观察和分析）来进行。

3. 确立假设

明确问题以后，教师开始在已有的知识结构中（或通过请教专家、同事，或通过阅读专业书籍、网上搜索文献资料等途径）搜寻与当前问题相似或相关的信息，建立解决问题的假设性方案。这种寻找信息的活动是自我定向式的，所产生的研究结果有助于教师形成新的、有创造性的解决办法。

4. 验证假设

考虑了每种行动的效果后，教师开始实施解决问题的方案。在检验的过程中，教师会遇到新的问题、新的经验，当这种行动过程再次被观察和分析时，就开始了新一轮的反思循环。

（三）反思的方式

教师应当如何对自己的教育教学活动进行反思呢？国内外的有关研究表明，以下几种方法值得我们借鉴：

1. 课后备课

课后，教师根据教学中获得的反馈信息进一步修改和完善教案，明确课堂教学改进的方向和措施，同时使有益的经验及时得到提炼和升华，不断增强教学效果。

2. 写反思日记

教师在一天的教育教学工作结束后，写下自己的经验，并与教研组成员共同分析其中存在的问题与缺点。另外，教师也可在上课和作业批改后主动征求、了解学生的意见，并详细记录教育教学的背景、效果，上课的具体感受，存在的问题以及通过反思后得出的解决办法等。写反思日记能为有针对性地制订教育教学的改进计划创造良好的条件。

对年轻教师而言，有许多方式可以帮助他们自我反省，例如录制自己的一部分课堂教学内容，看完视频后写下自己的看法，指出优点及可改进之处，并提出改进计划。指导教师应当在相应的训练过程中培养年轻教师反省和探究的习惯。

3. 课堂观摩

学科组(包括校内和校际)教师之间相互观摩彼此的课堂教学，详细描述他们观察到的情景，并就有关问题进行讨论分析，最终形成一个最佳解决方案。参加研讨的教师能把研讨的方案带回各自的课堂或学校，应用到实际的教育教学情景中。

4. 专家指导

请专业研究人员、教研室领导定期、追踪式听课，不断发现课堂教学观念、设计和操作中存在的实际问题，并通过共同讨论找到解决问题的办法。

5. 行动研究

为弄清教育教学中遇到问题的实质，探索改进教育教学实践的行动方案，教师可以和校外的专业研究者合作，进行调查和研究。它不同于专业研究人员进行的旨在探索普遍法则的"科学研究"或旨在树立教育理想的"哲学研究"，而是直接着眼于教育教学活动的行动研究。行动研究不仅在改善教育教学实践方面有着重要作用，而且有助于在整个学校的教师集体中形成一种调查和反思研究的良好氛围。

总之，通过反思，促使教师主动地将有关因素纳入到自己教育教学活动的设计中来，慎重审视自己的思想，并积极寻找新思维、新策略来解决面临的问题。经过一段时间的训练，教师将逐渐发展成为一个自觉而有效的反思者，从而不断促进自己的成长。

二、教学反思应反思什么？

教学反思被认为是教师专业发展和自我成长的核心因素，具体来说，应该包括四个部分：

（一）教材重点、难点

认真备课是上好课的前提。教师在备课时，应认真分析本节课的教学重点在哪，与前面的知识有怎样的联系，与后面的知识又有怎样的关系；教学难点难在哪，是难在所学的知识比较抽象，还是学生缺乏这方面的感性认识，等等。

（二）已有实践经验

在对教材有较准确的把握后，教师应思考分析自己、他人已有的实践经验。即自己以往在教学这部分知识时，是怎样组织教学活动的，有哪些成功和不足之处，需要怎样改进；别人在执教这节课时有哪些精彩之处，哪些方法可以借用，哪些方法需要改进……从而逐步筛选出适合本节课的教学方法。

（三）教学实施方案

在分析教材，思考自己、他人已有的教学实践经验的基础上，再结合学生的实际情况，合理选择教学方法，便可撰写教学方案。

（四）方案实施情况

在每一节课教学之后，教师都应认真反思教学方案的实施情况。通过本节课教学，教学的目标是否达成，教学的效果如何，哪些地方处理得较好，哪些地方需进一步改进……教师在反思教学方案实施情况之后，还应反思这样评价、改进的理论依据，不是人云亦云，而是做到"知其然，更知其所以然"。

三、教学反思的"反思点"在哪？

反思点之一：反思教学细节，寻找自己已有的经验、行为与新课程理念的差距，不断提高对新课程理念的认识和理解。

反思点之二：反思不成功的教学案例，寻找教学设计与学生实际的差距，促使新课程从理念向教学行为方式转变。

反思点之三：反思有争议的教学案例，对教学行为进行不断追问，不断促进自我行为的改造和重塑。

在教学过程中，教师必须养成反思的习惯，不断加强理论学习，及时反思自己的教育教学工作，自觉体验和不断完善自己对教育的理解，并与他人进行沟通和交流，由此不断提高自己的专业素养。

四、教学反思的方式

反思一般有纵向反思和横向反思两种方式。

（一）纵向反思

纵向反思，即教师从时间维度上对自己的教育教学进行不间断的反思——教育教学实践中反思，实践后及时反思和为后续实践的超前反思，使教师主体养成实践前未雨绸缪，三思而后行的良好习惯。

（二）横向反思

横向反思，则是教师抓住一切学习的机会——无论是理论的还是实践的，努力内化为自己的思想和理论，科学地指导自己的教育教学实践，改进教育教学行为。同时向他人学习、向优秀教师学习，将外出听课、研讨交流等活动作为在实践中学习的机会。以优秀教师的上课或教学案例来对照反思自己的教育思想和教学行为，汲取他人成功的经验，避免重犯他人的教学失误和不当之处。在观察、对比、反思、修正的过程中使自己的教育教学更合理、更科学、更有效。

【建议】

"学然后知不足，教然后知困。知不足，然后能自反也；知困，然后能自强也。"这是从学习方面提出反思在学习活动中的作用。教学的价值取向不仅仅局限于让学生获得基本的知识和技能，更重要的是在教学活动中，让他们了解知识的价值，增强对知识的应用意识，能够利用学到的知识解决生活中的问题。

教师在教学中要处理好知识性目标和发展性目标平衡与和谐的整合，在知识获得的过程中促进学生发展，落实知识。这就需要学生对学习进行自我反思。教学活动是师生双边的活动，它是以教材为中心，通过教师教的活动和学生学的活动的相互作用，使学生获取知识、技能和能力，发展思维品质，培养创新意识，并形成良好的学习习惯。由此可见，教师与学生要想发展，必须要将实践与探究融为一体，使之成为促进师生发展、能力不断提升的过程，而反思则是这二者的有效结合。

第 二 章

学习篇

第一节 好学务实

【故事】

　　一天，鲁国的乐师师襄来拜访孔子，孔子和他谈起了音乐。师襄善于弹琴，孔子想请他指导自己弹琴，师襄答应了。于是师襄就教孔子一支曲子，孔子很认真地学习。

　　十天以后，师襄觉得孔子弹得不错了，就对他说："这支曲子你已经弹得很好了，再学一支新的吧！"

　　"不行！"孔子诚恳地说，"我刚会弹，对旋律还不熟悉，让我再练几天吧。"说着，孔子便认认真真地练了起来。

　　几天后，师襄又说："你对这支曲子的旋律已经很熟悉了，可以学别的曲子了。"

　　孔子仍然不同意，说道："虽然旋律熟悉了，但我还不太清楚这支曲子的意思，让我再琢磨几天吧。"

　　这样又过了几天，师襄再一次催孔子学习新的曲子。孔子说："我现在知道这支曲子的意思了，但我还不知道它是由谁创作的，再给我几天时间，让我思考思考好吗？"师襄被孔子一丝不苟的学习态度感动，就不再勉强他。

　　几天之后，孔子兴奋地跑到师襄那里，对他说："这支曲子的含义很深刻，作曲的人一定有远大的理想，除了周文王还能是谁呢？"师襄惊叹地说道："你说得一点儿也不错！我学这首曲子的时候，我的老师说过，这首曲子是周文王作的，叫《文王操》。"

【分析】

　　魏晋南北朝时期，玄学清谈之风盛行，士人标榜才学高深，耻于虚心求学，反而以巧辩胜人为荣。中国古代教育家、《颜式家训》作者颜之推坚决反对这种风气，认为学习应该虚心务实，博学广师，不可自高自大、目空一切。他还提出了勤学、切磋的主张，倡导踏实的学风，重视亲身观察以获取知识。

【建议】

当今社会，我们的教育阵营里有着很多勤奋好学的优秀教师。比如大家都熟悉的李镇西老师，他身为校长，有繁重的工作，还要频繁地外出讲学，但依旧给自己定下了雷打不动的"五个一"：

每天听好一节课；

每天至少找一位老师面谈或书面谈话；

每天想一个真问题；

每个学期读一本经典书；

每天写一篇 3000 字以上的教育随笔。

李镇西老师就是靠不停地读书、思考和写作，日积月累，成就了自己的教育事业。

此外，还有很多名师也是始终如一地坚持读书求知，如魏书生、任小艾、陶继新等，他们共同的秘诀就是持之以恒地读书，将读书作为个人生活不可或缺的一部分。

可见，只要我们静下心来，持之以恒地读书，与大师对话，用心去聆听大师的教诲，用心去感悟自己的实践，就会发现自己真的有可能"事事洞明"。

第二节 博采众长

【故事】

　　李白是我国盛唐时期杰出的诗人之一，也是我国文学史上继屈原之后又一伟大的浪漫主义诗人。李白少年时代学习范围非常广泛，他博采众长，除儒家经典、古代文史名著外，还浏览诸子百家之书，并"好剑术"。他崇信道教，有超尘脱俗的思想，同时又有建功立业的政治抱负。虽然李白早年在蜀地所写的诗歌流传下来的很少，但已显示出他非凡的才华。

　　李白二十多岁时出蜀东游。在十年左右的时间里，漫游了长江、黄河中下游的许多地方，开元十八年（公元730年）左右，他曾一度来到长安，谋取政治出路，但最终失意而归。天宝元年（公元742年），李白被玄宗召入长安，供奉翰林，作为文学侍从之臣，参加草拟文件等工作。但他在朝中任职不满两年，即被迫辞官离京。

　　这一时期李白的诗歌创作趋于成熟。此后十一年内，他继续在黄河、长江的中下游地区漫游，"浪迹天下，以诗酒自适"。天宝三年（公元744年），李白在洛阳与杜甫相识，结为好友。天宝十四年（公元755年），安史之乱爆发，此时李白正在宣城庐山一带隐居。次年十二月，他怀着消灭叛乱、恢复国家统一的志愿应邀入永王府。永王触怒肃宗被杀后，李白也因此获罪下狱，不久流放夜郎。途中遇赦得归，时已59岁。李白晚年流落在江南一带。61岁时，听到太尉李光弼率大军出镇临淮，讨伐安史叛军，还北上准备从军杀敌，半路因病折回。次年在当涂(今属安徽)逝世。

　　李白的诗歌对后代产生了极为深远的影响。中唐的韩愈、孟郊、李贺，宋代的苏轼、陆游、辛弃疾，明清的高启、杨慎、龚自珍等著名诗人，都受到了他的巨大影响。

【分析】

我国现代语文教育家、著名特级教师于漪说过："我有两把尺子，一把尺子量别人的长处，另一把量自己的短处。"以己之短比人之长，越比越能发现自己的不足，越能持续奋进；如果以己之长比人之短，不仅不会长进，而且可能失去人生的追求。

一次，一位教师在班级的网站上看到一位同学发了一张很漂亮的图片，自己也想尝试发张图片，可试了老半天，发上去的图片连个影儿也没有。这位教师很着急，连忙发帖求助，想不到马上引来班上同学热心的回复。办公室的一位同事看见帖子后，又手把手地教他。以后，这位教师就暗暗地拜学生和同事为师，向他们请教各种信息技术方面的难题，在身边"行家"的指点下，这位对新技术很陌生的教师的技术水平有了很大的提升。

每个人都有自己的长处，虚心向别人学习，博采众长，及时吸收别人的优点，自己也会变成一个聪慧的人。

【建议】

"三人行，必有我师焉"，就是说老师无处不在，每个人都有自己比较优秀的一面，都能成为别人的老师。我们要善于发现别人的长处，同时懂得如何学习别人的长处，这样才能不断提升自己。同一个办公室的同事，甚至学生、家长都是我们学习的对象。

一名教师如果五年、十年都是一个模样，原地踏步，裹足不前，这将是他教师生涯中最令人悲哀的事。教师要谦逊，虚怀若谷，用一把尺子量别人的长处，用另一把尺子量自己的短处，让自己不断成长。教师更应有丰富的精神生活，不竭的智力资源，一个不能发展、进步的教师，他的空间会越来越小，最终会被社会淘汰。教师要想使自己的教育教学工作始终蓬勃有生气，就必须以自己的薄弱环节为突破口，不断挑战自我，超越自我，一步步向着自己的理想勇敢攀登。

第三节 格物致知

【故事】

徐霞客，名宏祖，"霞客"是他的别号。他出生于江苏省江阴县一个书香世家，祖辈都是仕途中人，只是到了徐霞客父亲这一代，由于对官场深恶痛绝，虽满腹经纶，却发誓不再当官，每日只以游山玩水为乐。据说，有一次两个官员慕名而来，想要与徐霞客的父亲结交，徐霞客的父亲听说后竟从后门溜走，悄悄穿过竹林，乘船到太湖游玩去了。

常言道，身教胜于言教。徐霞客从小在父亲身边耳濡目染，也对枯燥乏味的八股文章厌恶起来，每日把父亲的藏书偷偷带到私塾去读。那些地理游记、名人轶事、风土趣闻，对他的吸引力是那么大，以至于有时读着读着，竟忘记身在课堂，情不自禁地笑出声来。他因此常遭先生训斥，先生还把他的"劣迹"报告给他的父亲，要他严加管束儿子。谁知父亲知道后，反而大喜过望，亲自推荐一些书籍给儿子读。久而久之，徐霞客的"学业"自然逐渐荒废，科举考试也名落孙山。这样一来，那些常常夸奖徐霞客聪明绝顶，说他一定能金榜题名的亲朋好友，不由扼腕长叹，倍觉惋惜。徐霞客的父亲却哈哈一笑，说道："人各有志，岂可勉强？"得到父亲的支持，徐霞客更是把功名利禄抛到九霄云外，一心只想着"遍历九州，足登五岳"。

春去秋来，徐霞客整日埋头于文学、历史、地理图志、地方志一类书籍之中，不觉已快20岁了。在刻苦攻读的过程中，他发现，以前的地理书籍，多半讲疆域沿革、风土人情一类的事，对山川自然风貌总是含糊其辞，一笔带过。可见，这些著书人大都是闭门造车，很少亲自外出考察。所以对同一问题，各书的叙述往往相互矛盾，不知所云。于是他暗下决心，一定要走遍华夏山河，通过实地考察，校正古书谬误，为后人了解祖国地理地貌提供准确的资料。谁知，就在他整装待发的时候，父亲突然病故。按照古代孝子必须守孝三年的规矩，他留在家里继续埋头读书。待服丧期一满，徐霞客就告别慈母爱妻，踏上了艰难的旅程。

徐霞客主仆三人在攀登雁荡山时，已是他外出考察的第五个年头了。五年来，他白天跋山涉水，晚上不管怎样疲累，总要在昏暗的灯光下坚持写作游记，从无一日间断。这个习惯，一直保持到他最后一次考察。

一个夏日，下了一场暴雨，徐霞客等人被淋成了落汤鸡。他们踏着泥泞的山路冒雨前行。等来到雁荡山时，正好雨终天晴，彩虹高悬。被大雨冲洗过的雁荡山，层峦叠嶂，更加雄奇挺拔，秀美绝伦。徐霞客深深陶醉在这迷人的山色之中，不觉信步走到大小龙湫，那瀑布犹如两匹白练垂空而下，直泻深潭，卷起千堆雪，轰鸣之声响彻山谷。据方志记载，大小龙湫的水源自山顶宕湖，但不知实情是否如此？徐霞客边看边想，决定亲自登上山顶，看个究竟。

第二天天刚亮，他便从西边开始登山。那山脊如刀削，险峻陡峭，根本无路可走，而且藤缠枝绕，荆棘丛生，一不小心身上就划出了口子。等他好不容易手脚并用爬上一座峭壁时，却发现上面连立足之地都没有。低头一看，下方另一座山峰的峰顶倒有一个小小的平台。他只得用绳子系住山顶大石，顺势而下，不料绳子被岩石磨断，好在他的脚此时已接近平台，否则直接摔下来必将粉身碎骨。到了晚上，月光如水，照着浑身酸痛的徐霞客。想起白天的经历，他还真有些后怕。不过，对于生死，他早已置之度外，只要能考察出结果，便感到心满意足。

二十年后，徐霞客又重游雁荡山。这次，他在僧人的带领下，从东面登山，遍游诸峰，终于找到了宕湖。不过，他发现，湖中流出的两股水，与大小龙湫毫不相干，志书所记，纯属谬误。

在艰辛而充满乐趣的搜奇访胜的旅程中，徐霞客度过了自己的青壮年时代，转眼已是两鬓染霜，年过半百。这几十年间，他专程游览了各地的名山胜迹，如江苏的太湖，山东的泰山、孔陵、盂庙，浙江的天台山、雁荡山，安徽的白岳、黄山，江西的庐山，福建的武夷山、九鲤湖，河南的嵩山，陕西的太华山，湖北的武当山，广东的罗浮山，山西的恒山、五台山等。之后，他又万里远游，对湖南、广西、贵州、云南等省区的石灰岩地貌进行了长期的考察。临行前，他总是嘱咐妻儿道："你们就当我已经不在人世了，自己好自生活吧。"表达了自己献身科学的决心。

徐霞客从22岁开始旅行考察，在三十多年漫长的岁月中，弃家别乡，耗尽积蓄，常年栉风沐雨，风餐露宿，历尽了千难万险。他曾失足掉进急流之中，险些丧命；他曾三次绝粮，不得不空腹而行；他曾两度遇盗，财物被抢劫一空……但是，任何艰难险阻，都不曾动摇过他考察祖国山川的顽强意志。公元1640年，他一病不起，被人用轿子抬回家乡。第二年，他就离开了人世。

徐霞客一生行程数万里，足迹遍布大半个中国。他的心血，凝成一部不朽的巨著——《徐霞客游记》。这部游记，是徐霞客三十余年旅行考察的真实记录。他的游记不仅用优美的文字生动、准确、详尽地记载了我国丰富的自然资源和地理景观，而且对一些自然地理现象做出了许多超越前人的论断和解释，揭示出不少合乎科学的自然规律，具有极高的价值，为后人的研究提供了极其珍贵的资料，被人誉为"古今游记第一"。英国科学史专家李约瑟也赞叹说："他的游记读来并不像是17世纪的学者所写的东西，倒像是一部20世纪的野外勘察记录。"

【分析】

格物致知是中国古代儒家思想的一个重要概念，朱熹曾说："所谓致知在格物者，言欲致吾之知，在即物而穷其理也。"这里的"即物穷理"，就是要求人们运用已知的知识，深思客观事物，实现自己内心的豁然领悟。它强调的是一种内省式的思考过程。

格物致知讲究的是实地探察，注重的是实践活动，是一种实事求是的精神。我们只有在实践中探察，才有可能获得与真相尽可能一致的知识。

当一个人为读书而读书时，无疑读书便成了一种痛苦。当读书成了一种逃避现实生活的方式，那么读书便是消极的，这样的读书对一个人的成长是有害无益的。

一天，一位教师带着自己的困惑去请教自己的老师。他对老师说自己喜欢读书，并且希望能够写出些有意义的东西来，但是却感觉比登天还难。他的老师博学且和蔼，对他充满了理解和同情。老师给他提了一个建议：热爱读书固然好，但更要读好生活这本"无字书"。

老师列举了一些相关的成功事例，说到有人因工作需要，先后换过许多工作岗位，但是他都能结合对所从事工作的认识，写出一些有价值的东西。老师让他不妨学学这个人，写些有关学校的简讯、报道，也可以结合教学实际写些教育教学随笔。总之要学会两条腿走路，不要人为地把自己框住，要把目光放高放远。老师还针对他所提出的问题，帮他确定了两个关于语文教学的写作提纲，对他写作的角度和方法也进行了具体的指导。

老师的话给了他很大的启示，一个人只有热爱生活，做好本职工作，才是成功的正道。老师的话让他鼓起了信心和勇气。从生活和工作的实际出发，把握成才机遇，是每个人都要关注的，写作更是离不开生活的积累和不断地学习。读好生活这本无字书，这句话从此深深刻在他的心里。

回来以后，这位虚心求教的教师很快写出了几篇"小豆腐块"，在某报上发表了。这次的成功让他更加关注生活，注意从工作和生活中学习一些有益的东西，搜集有价值的创作素材。一次次写作的成功，激发了他更高的工作热情，他开始用更高的目光来审视自己的生活和工作，与学习、反思、写作一起，成了他的成功三部曲。

后来，他的一些教育教学随笔和小品美文在全国和省市级以上的报刊发表。这更坚定了他的思路：在读书的时候，更要向生活学习。工作和生活中遇到的问题和困难，成了他读书学习的不竭动力。

有人说，每个参加工作的人中，很少有人每年能够认认真真地读一本名著。但他做到了，六七年间他先后认真抄读过《诗经》《古文观止》《论语》《道德经》等典籍。虽然他没有古人的聪慧，做到"半部《论语》治天下"，但是他努力了，他用经典的东西改造着自己的学习和生活。更重要的是，他通过阅读生活这本书，真正懂得了反思，更深刻地领会了曾子的"吾日三省吾身"这句至理名言。

【建议】

古人提倡"格物致知"的治学方法，就是要认识人和客观事物的内在规律，更好地与人为善，与万事万物为善，共同创建和谐发展的社会。作为一名教师，就是要不断研究教育教学这个永远都在不断更新的事物，更好地把握它的规律，为自身的专业成长服务，并回报和造福养育了自己的人民和社会。

第四节　居敬持志

【故事】

明代时，有一个叫胡居仁的理学家，是江西余干人，师从当时的大教育家吴与弼。胡居仁的学问以搜求放失的本心为主，因此他把"敬"字放在心里，并把"敬"字做了他书斋的名字。他平常对妻子像严肃的宾客一样尊敬，他的父母亡故了，居丧时候他非常悲切，以致骨瘦如柴，只能拄杖行走，整整三年不走进内室的门。他和别人说话，从不讲到利禄上去。

成化年间，胡居仁东游钱塘、太湖等地，遍览金陵、浙江，后江西学使李龄、钟成二人曾相继聘请他在白鹿洞书院讲学。他谨慎自持，终身做一个平民，不肯出去做官。

胡居仁《枕流石》里有这样两句："一枕千年永不移，清流昼夜无时息。"可以说是他洁身自好的最佳诠释。

【分析】

"居敬持志"既是道德教育的重要原则，又是读书治学的基本要求。所谓"居敬"，就是读书时精神专一，注意力集中；所谓"持志"，就是要树立远大的志向和高尚的目标，并以顽强的毅力长期坚持。

在朱熹看来："程先生云：'涵养须用敬，进学则在致知。'此最精要。方无事时，敬以自持，凡心不可加入无何有之乡，须是收敛在此。及其应事时，敬于应事；读书时，敬于读书，便自然该贯动静，心无不在。今学者说书，多是捻合来说，却不详密活熟。此病不是说书上病，乃是心上病。盖心不专静纯一，故思虑不精明。须要养得虚明专静，使道理从里面流出方好。"

因此，朱熹要求："读书须将心贴在书册上，逐字逐句，各有著落，方始好商量。大凡学者，须是收拾此心，令专静纯一，日用动静间，都无驰走散乱，方始看得文字精审。如此，方是有本领。"这是教人读书时必须将心收敛起来，有谨慎感，有进取心，不放纵自身，不轻率从事，做到"专静纯一"，方能为学。只要心能"专静纯一"，不"驰走散乱"，自然能做到为学之道发自内心，学起来自然会"日成日新。"

学习能否顺利进行，关键在于学者的志向及良好的心态，所以，"居敬持志"作为读书法的最后一条，也是具有保证的一条。朱熹说："敬字功夫，乃圣门第一义。彻头彻尾，不可顷刻间断。"朱熹继承了程颐"涵养须用敬，进学则在致知"之说，提出"致知必须穷理，持敬则须主一"的为学原则，而在二者中"持敬又是穷理之本"。在这里，"敬"是端正态度，就是说，诚心诚意、兢兢业业是做好一切事情的基础，读书也不例外。"居敬"也就是要从心中严格尊崇礼法，一刻也不放松对自己的要求。特别是要排除杂念，不受外界诱惑，所以"敬"又通"静"。心静自然诚，诚心诚意、兢兢业业地去学习，去做事，个人修养也就自然能提高了。朱熹说："立志不定，如何读书？"要立定学圣贤之道、修身复性的志向，才能真正取得成效。

如今，在纷繁复杂的现代社会，教师又该如何读书，如何求知呢？许多教育专家大声疾呼：教师应当以读书作为工作生活的第一要务。当一些教师对此不以为然的时候，我们必须对那些在清贫中仍然坚持读书的教师们怀有崇高的敬意。另外，我们谈论读书的重要性时，更应该谈论怎样读书才有用，怎样使读书的教师成为教育行业甚至整个社会中最有竞争力的一群人。

众所周知，当下是一个知识爆炸性增长的时代。社会上流行这样一条"知识折旧率"：一年不学习，自己知道；两年不学习，同事知道；三年不学习，学生知道。一劳永逸已经不是我们追求的精神目标，以不变应万变已经不是我们向往的神话。现如今，要适应这种知识迅速更新的变化，我们就得真正学会读书，把握读书的关键。

一、要通过读书，提高自己的人文素养和综合能力

人文素养是一个人能力结构中的"软件"，人文素养不佳将导致教师的"营养不良"。人文素养不仅决定了教师教学水平的高低，还会渗透到教师人格与个性中，影响他们的教育观与教育方式，甚至造就他们一系列的教育习惯。

当然，世界上的书籍种类繁多，数量巨大，就是什么都不干，每天读也是读不完的，况且教师的工作性质又决定了他们在工作之余没有太多的时间。所以读书不需要什么都读，关键是要有悟性，这就要求我们：读书不是追随，而是要有自己的参与；读书不是接受，而是要有自己的创见；读书不是仰视，而是要有自己的发现；读书不是揣测，而是要有自己的判断；读书不是遵从，而是要有自己的批判。不然，就会在精神、情感、认识等方面出现僵化、退化、惰化、伪化、通化、同化……导致最后成了"两脚书橱"。

二、要通过读书，把专业知识转化为专业能力

读书不是让我们成为书籍的仓库，把脑袋变成装书的袋子，而是要为我所用，让"吃下去的食物"转化为精神上的营养，成为自身工作中的生产力。

从我国文化发展的历程来看，我们的读书文化是书斋文化，而外国的读书文化是实践文化，完成书斋文化向实践文化的转型，是 21 世纪中国教师的一个重要使命。要完成这种转型，就要先把读书的过程作为备课的过程。全国著名特级教师高万祥可以说是爱书爱到骨头里，他认为，书籍是学校中的学校，对一个教师而言，读书就是最好的备课。

【建议】

每天不间断地读书，跟书籍结下终生的友谊，就是一种真正的备课。读书不是为了应付明天的课，而是出自内心的需要和对知识的渴求。如果你不想把备课变成单调乏味的死抠教科书，或四处搜寻经典教案，或完全照搬人家的教法，那你就要读书。著名教育家商友敬曾经说过："知识由两个层次组成，浮在上面的是'信息'，它能为你所用，而不能沁人心扉；沉在下面的是'文化'，它积淀而为你的修养、思想、观念。我们今天读书的弊端是取其'花'而不取其'实'，大家都成了追逐信息的'狂蜂浪蝶'，难以培养出有文化、有修养、有思想观念、有独立人格的'读书人'。"

由此，我们必须把读书作为一种享受、一种执着，这才是真正的读书人，才是真正的备课。这样，在教师所教的那门学科的领域里，教科书里包含的那些基础知识，只不过是入门的常识。在学科知识的大海里，教师教给学生的那些知识，只不过是沧海之一粟。当教师读过了罗曼·罗兰写的《贝多芬传》，再教课文《月

光曲》时，当读过《走下圣坛的周恩来》，再教课文《十里长街送总理》《一夜的工作》时，一定会觉得得心应手、收放自如。

教师还要拥有丰富的藏书，使它们成为自己的老师，每天去向它们请教。只要坚持下去，每过一年，教师的知识就变得更加丰富。一些经典书籍自不必说，《人民教育》《随笔》《教育参考》《中国教育报》《读者》《读书》等杂志报刊也应该成为教师生活的伴侣。工作若干年以后，正如苏联教育家苏霍姆林斯基所言，"教科书在你眼里看来就浅易得像识字课本一样了"。正是在这个意义上，教师的每一节课都是用一生的时间来准备的。教师因读书铸就的灵魂，便成了教育的永恒爱心、理想信念、社会良知以及社会责任心。这才是一个"真正的教师"不可或缺的精神底子。

第五节　学当知本

【故事】

古时候，科技不够发达，人们对自然界有很多认识上的误区，比如相信螟蛉将螟蛉变成自己的儿子这个荒诞的说法，还把收养的儿子叫作"螟蛉子"。南朝时期的陶弘景却对此表示怀疑。他在村边的菜园子里找到一窝螟蛉，就蹲在菜地里聚精会神地持续观察，发觉螟蛉有雄也有雌。

经过许多天仔细的观察，陶弘景终于解开了螟蛉衔螟蛉的秘密：原来螟蛉有自己的后代，螟蛉是被螟蛉衔到窝里给自己的幼虫当食物的，根本不存在"螟蛉义子"这回事！从此之后，陶弘景更加相信凡事最好亲自观察，绝不能人云亦云。

【分析】

人的生命是有限的，而书籍却是浩如烟海，几乎可以说是无限的。那么如何能把有限的生命投入到无限的书籍中呢？

在如今的信息时代，人更容易被各种信息填埋，因此更需要活学活用，而不是死记硬背。宋代的陆九渊觉得，很多士人把精力耗费在经典知识的学习上，不是正确的方法，提出"学苟知本，六经皆我注脚"。他认为，如果明白了学业的根本所在，那么六经都是我的注脚。

达尔文说："最有价值的知识是关于方法的知识。"方法是解决问题的门径和程序，可以引导人们沿着正确的途径去认识世界和改造世界。规律是事物本身固有的本质联系和必然发展趋势，具有可重复性和普遍性，只要具备一定的条件，某种合乎规律的情况就必然会出现。学习的根本也在于此，以语文这个学科为例，语文教学和语文学习也是有规律可循的，教学中如能将读、写、听、说、思的方法和规律传授给学生，便能以一当十，事半功倍。当然，这种"传授"不是简单、空洞的说教，而是自然地融合、巧妙地渗透。

怎样在新课程教学中做到学法指导的融合和渗透呢？

一、教学过程中重视启发学生自悟和总结学法

高明的做法是：寓学法于教法之中。教学过程既是教法的实施，又是学法的体现。例如，某教师在教《律诗二首》（孟浩然《过故人庄》和陆游《游山西村》）时，主要按四个板块组织教学：细腻指导"吟读"，精心点拨"译读"，巧妙引导"背读"，创新设计"说读"。它们环环相扣、层层铺垫、步步深入，整个教学过程以"读"贯穿始终，新意迭出，余韵悠远，培养了学生对古诗的感受、理解、领悟与拓展能力。更为巧妙的是，这节课的教学过程本身就是阅读古典诗词方法的体现。教师最后强调说："同

学们，我们这一节课实际上是一节学法课。老师给它取了个名字：一诗四读。以后你们也可以用这种方法来读古诗。这是文言诗词的一种学法。"该教师对这种"渗透式"的学法可以说情有独钟。如在《鹤群翔空》的教学中渗透"三句话自读法"，即"速读，整体式概括；寻读，板块式积累；细读，多角度品味"。如在《天上的街市》教学中渗透"诗歌美读法"，即"感受音乐美，想象图画美，理解情感美"。如在《口技》的教学中渗透"一词经纬法"，等等。这种学法和教法的融合与渗透，正如"水中之盐，蜜中之花，无痕有味"（钱锺书语）。

二、在教学过程中教师要示范和点拨学法

示范引路，使学生有"法"可依，易学易会；启发点拨，给学生排除障碍，变难为易。例如，某教师讲述《皇帝的新装》一文时，精心设计了让学生用一个字概括故事情节的教学措施。在学生提出了"蠢""笨""新""骗"等十余个能概括情节的字之后，这位教师先教给学生用"排除法"去掉了那些不是概括情节而是概括人物的字，再教给学生用"检验法"，去掉了那些不是概括全篇情节的字，最后用"比较法"筛选出了那个既能概括全篇情节，又能突出本文情节特色的"骗"字。

学习分析人物形象是阅读小说的主要任务。如何去分析，从哪些角度去分析，是学生倍感困惑的难题。某教师在教《鲁提辖拳打镇关西》一文时，抓住鲁提辖、郑屠和金老父女这三个方面人物之间的联系来理解人物形象。这三方面人物之间的联系是：鲁提辖是怎样对待金老父女的，即一问（为何啼哭）、二赠（银两）、三救（逃出虎口）；郑屠是怎样对待金老父女的，即一占（霸占金翠莲）、二弃（赶走金翠莲）、三诈（虚钱实契诈骗银两）；鲁提辖是怎样对待郑屠的，即一要（消遣他）、二揭（揭露强骗

金翠莲的罪行）、三打（三拳打死）；郑屠是怎样对待鲁提辖的，即一从（顺从地伺候）、二拼（拼命）、三饶（求饶）。之后，教师引导学生把上述情况联系起来分析，鲁提辖和郑屠这两个人物形象就一目了然了。由于小说中的人物总是与外界环境、事件以及其他人物有着千丝万缕的联系，所以，这种"抓联系，析人物"的小说阅读法，既有利于学生弄懂故事情节，又有利于他们理解人物形象，更有利于他们迁移运用，做到"得法于课内，受益于课外"，可谓一石三鸟。

三、新课程教学中的学法指导应是灵活的、创新的

学习有法，但学无定法，关键在于一个"活"字。教学中，教师要教会学生善于打破思维定式，巧选研读角度，进行创造性的阅读，从而提高学习效率。如：

（一）用"一词经纬"的方法阅读《安塞腰鼓》，可以抓住文中间隔反复出现、独立成段的"好一个安塞腰鼓"一句中的"好"字，因为它最能高度概括作者对安塞腰鼓的直接赞美之情。由此带出一个事关全文内涵和主旨的关键问题：安塞腰鼓到底好在哪里？带着这个问题研读课文，不难发现，从形的方面说，安塞腰鼓好在火烈的场面美、激越的鼓声美、强健的后生美和变幻的舞姿美；从神的方面说，它好在歌颂了生命中奔腾的力量，歌颂了黄土高原人民冲破束缚的强烈愿望，歌颂了一种阳刚之美。

（二）用"一线串珠"的方法阅读《七根火柴》，可以抓住"七根火柴在全文中有何作用"这一问题，研究"七根火柴"与风云莫测的草地环境的关系，与奄奄一息的无名战士的关系，与受伤掉队的卢进勇的关系。从中可以看出，课文先后写了环境恶劣需要火、（无名战士）舍身为国贡献火、（卢进勇）前仆后继送到火这三部分内容，围绕"七根火柴"这一线索，刻画了无名战士

和卢进勇的感人形象。

（三）用"选点突破"的方法指导单元总结，可以做好以下几件事：知道一点常识，识记一批雅词，品味一组奇字，摘录一些美句，重温一个精段，学习一种妙思。用这种方法进行单元复习，使学生从感性认识上升到理性认识，对他们将来的阅读和写作，都是大有裨益的。

【建议】

金末诗人元好问在一首诗里写道："鸳鸯绣了从教看，莫把金针度与人。"这代表了我国古代一部分诗人的保守观点，意思是写出的作品可以让人尽情欣赏，而写作技巧则应深而藏之。新时代的教师，在新课程改革的大好形势下，应该努力将"金针""度"与学生，对其进行科学、艺术的学法指导，使他们成为爱学习、会学习的一代新人。

第六节　优游读书

【故事】

陆九渊自幼就非常聪明，喜欢思考问题，并大胆怀疑质问。据说他四岁时，曾问父亲："天地何所穷际？"八岁读《论语·学而》，即怀疑有子所言不合圣道。又听人说起程颐的观点，说："伊川之言，奚为与孔子、孟子之言不类？"十三岁时，读到古书中"宇宙"二字，他提笔大书："宇宙内事乃己分内事，己分内事乃宇宙内事。"十六岁读三国六朝史，他又听长辈说起靖康国耻，异常愤慨，于是剪指甲，学弓马，准备有朝一日，投笔从戎，恢复中原。此后陆九渊一直与诸兄共讲古学，二十四岁时听从长辈劝告，参加乡试，中第四名，三十四岁时考中进士。

同年秋，陆九渊回到家乡金溪，辟槐堂书屋讲学，不立学规，而所有学生的仪容都很端庄。

【分析】

"优游读书"，语出陆九渊。他认为读书是否有益，关键要看读书人的心是否端正，如果其心不正，多读书不但无益，反而有害。"其心不正，其事不善，虽多读书，有何所用？用之不善，反增罪恶耳。"他反对死读书，主张读书要学以致用，当明意旨，找出书中成败、得失、是非等的经验教训，以有用的东西作为借鉴。

陆九渊认为，当时士人读书只是因文解字，沉溺于章句之中，造成了不好的风气。他认为读书不必求多求快，应以精熟为贵，读书不必穷索，而应"优游讽咏，使之浃洽，与日用相协，非但空言虚说"，"读书之法，须是平平淡淡去看，子（仔）细玩味，不可草草。所谓优而柔之，厌而饫之，自然有涣然冰释，怡然理顺底（的）道理"。

【建议】

在现代教育教学中，师生之间的交流机会非常多。教师在工作之余和学生聊天时，不免会谈到读书的话题，许多学生就会长吁短叹：从小学读到现在，算起来读的书也不少，但是感觉没多少收获。许多同学只知陶渊明的"好读书，不求甚解"，以为书读得越多越好，却不知"每有会意，便欣然忘食"，读书要么蜻蜓点水，要么消遣度日。

书，到底要怎么读？可能大多数同学根本就不知道。大家说金庸的小说好，便废寝忘食地去看，一天几大本，看是看了，也许头脑中只有刀光剑影的模糊影子，却很少思考作者是怎样去运笔构思的。

在此，首先介绍几种读书方法：

一是揣摩法——一篇文章拿过来，不读内容，先通过阅读题目揣摩作者会写什么、怎么写、用什么材料；然后再读文章，看自己的揣摩与文章的实际情况有多大出入，并思考为什么会有出入，找出原因，探求这样写的目的。用这样的方法，读书就成了享受愉悦的事情，学生就会爱上读书了。

二是出入法——宋代史学家陈善在《陈潮溪新话》中说："读书须知出入法。始当求所以入，终当求所以出。见得亲切，此是入书法；用得透脱，此是出书法。"入，是由浅入深，循序渐进；出，是独立思考，不受拘束。先入后出，读书时要力求深入，读后要跳出书本的束缚，学会运用；"入书"时要虚心，"出书"时会运用。

三是取舍法——清代郑板桥读书有"学一半，撒一半"之说。认为学则取，撒则舍，读书最忌全面接受，应该有所取舍，所取者，为自己所需的真知实学。爱因斯坦曾经说过："在阅读的书本中找出可以把自己引到深处的东西，把其他一切统统抛掉。"

其次，教师要纠正学生读、思不能结合的不足。"学而不思则罔，思而不学则殆"，读与思两者是不可分割的。许多学生在读书的过程中很少认真去读，思考就更少了。读书只追求故事情节多么曲折、感人，一旦要他们谈曲折、感人之处表现在哪时，却不知怎么开口，这种情况已经成为大多数学生的通病。

书，不能不读。读书可以明志，可以抒怀，可以修身、齐家、治国、平天下。但读书应精，书在精而不在多。

第七节　知行合一

【故事】

知识在书籍中永远是死的，是阅读使它们活了起来。要使死的知识转化为活生生的力量，真正的内在力量，必须通过实践。"纸上得来终觉浅，绝知此事要躬行。"（陆游《冬夜读书示子聿》）只有知与行统一，即知即行，才能使知识成为指导人生的内在力量。

陆游的《示子遹》全诗如下：

我初学诗日，但欲工藻绘。

中年始少悟，渐若窥宏大。

怪奇亦间出，如石漱湍濑。

数仞李杜墙，常恨欠领会。

元白才倚门，温李真自郐。

正令笔扛鼎，亦未造三昧。

诗为六艺一，岂用资狡狯？

汝果欲学诗，工夫在诗外。

有些教师平时常说的"功夫在课外"，就是从这首诗的最后一句"工夫在诗外"演变而来的。"工夫在诗外"是全诗的点睛之笔，但这个点睛是不能离开全篇诗作而单独存在的。从内容上而言，学诗写诗不能只掌握知识和技巧，不能耍小聪明，要踏踏实实地生活，才能作好诗。

古人讲究"知行合一""读万卷书，行万里路"，陆游怕自己的儿子只做到"知"与"读"的部分，所以才用"工夫在诗外"，来强调"行"的部分。"工夫在诗外"和学诗写诗是一体的，也是知行合一的过程。

【分析】

知行合一，是指认识事物的道理与在现实中运用此道理是密不可分的整体，它是中国古代哲学中认识论和实践论的命题，主要涉及的是道德修养、道德实践方面。中国古代哲学家认为，不仅要认识（知），尤其应当实践（行），只有把"知"和"行"统一起来，才能称得上"善"。

明武宗正德三年（公元1508年），心学集大成者王守仁在贵阳文明书院讲学，首次提出"知行合一"说。所谓"知行合一"，"知"，主要指人的道德意识和思想意念；"行"，主要指人的道德践履和实际行动。因此，知行关系，也就是指道德意识和道德践履的关系，也包括一些思想意念和实际行动的关系。王守仁的"知行合一"思想包括以下两层意思：

其一，知中有行，行中有知。王守仁认为知行是一回事，不能分为"两截"。他说："知行原是两个字说一个工夫。"从道德教育上看，他极力反对道德教育上的知行脱节及"知而不行"，把一切道德归之于个体的自觉行动，这种主张是有积极意义的。因为从道德教育上看，道德意识离不开道德行为，道德行为也离不开道德意识，二者互为表里，不可分离。"知"必然要表现为"行"，不"行"不能算真"知"。道德认识和道德意识必然表现为道德行为，如果不去行动，便不能算是真知。因此王守仁说："良知，无不行，而自觉的行，也就是知。"

其二，以知为行，知决定行。王守仁说："知是行的主意，行是知的工夫；知是行之始，行是知之成。"他的意思是说，道德是人的行为的指导思想，按照道德的要求去行动是达到"良知"的途径。在道德指导下产生的意念活动是行为的开始，符合道德规范要求的行为是"良知"的完成。

将知行合一的教育方式应用到现代教学中，也会收到良好的教学效果。依据思想政治课教学的基本规律和教学所面临的实际问题，我们提出并不断探讨新型课堂教学模式——"知行和谐发展"，其基本结构为：入境—悟理—导行—查评。

一、入境

即把学生引入创设情境中，激发他们的学习兴趣，点燃他们学习、思考、探究的欲望。一定的教学情景，由于融入了教师的情感，营造出良好的教学氛围，可以激励、唤醒和鼓舞学生产生浓厚的学习兴趣，形成强烈的情感体验。

入境是兴趣的起点，也是认识和思维的起点。教师要采用多种方式创设情境，如故事式、活动式、问题式、演示式、诗歌名言式、榜样示范式、漫画式等；同时，要注意处理设境与教学目标的关系，使设境具有明确的目的性、思维的定向性和教学过程的推进性。

二、悟理

即教师引导学生感知教材，理解教材，认识问题，明白道理。明理是思想政治课教学的突出特点之一，是学生提高思想觉悟和行为转化的基础与前提。没有良好的教养、牢固的知识、丰富的智力和多方面的兴趣，培养一个人的道德尊严感是不可想象的。"知德"方能"力行"，学生只有明是非、识善恶、辨美丑、知荣辱，才能做出正确的道德选择，付诸坚定的道德行动。因此，教学中要在"悟理"上下功夫。

"悟理"环节要发挥好教师的主导作用，教师激趣、设疑，启发学生质疑、释疑，引导他们探究与发现；更要充分发挥学生的主体作用，突出一个"悟"字，让学生阅读感悟，思考领悟，讨论深悟，总结顿悟，通过阅读、思考、讨论得出结论，悟出道理，消除学习中的疑惑和障碍，形成坚定的信念。

这一过程是学生认识和情感升华的过程，是不断自觉内化的过程。教师在这一环节中应主要采用以"自学阅读法""讨论辩论法"为核心的"探究发现"教学方式。

三、导行

即教师引导学生运用所学知识分析和解决问题，明确各种条件下应采取的行为对策，促使他们积极践行所学的理论，逐步养成良好的行为习惯。导行是促进学生知行转化的重要环节，既是行为教育的过程，又是坚定信念、强化意志的过程。导行的具体方法有：

（一）以"理"导行

即通过引导学生联系社会实际、思想实际，帮助学生弄清基本的道德观念和道德要求，并以此来指导行动。

（二）以"情"导行

即在明白道理的基础上，教师以满腔的热情激发学生的道德情感，使其向良好的行为转变。教学中寓情于理、以情感人，使学生的道德认识更加深入，并内化为道德情感，外化为道德行为，才能达到道德素质培养的要求。

（三）以"境"导行

即在教学过程中，通过运用先进的教学手段或其他方法，创设一定的情景，让学生亲临其境，亲见其人，亲闻其声，置身于一种氛围中，激发情感，产生行动的欲望，达到导行的目的。

（四）以"样"导行

即通过具体、客观的榜样来感染学生，在他们心目中树立起学习的楷模，用榜样影响他们的思想认识，激发他们的道德情感，促使他们去效仿、去行动，帮助他们克服不良行为，形成良好的行为品质。

阿尔伯特·爱因斯坦指出："人格绝不是靠听到的和说出的语言，而是靠劳动和行动来形成的。"在课堂上，"导行"环节是让学生了解行为要求和掌握行为的基本方式，要将信念转化为行为，达到知行统一，还必须加强课后的训练和锻炼，特别应与其他教师、学生的监督评价加以配合。

四、查评

即教师指导学生依据教材中的道德评价标准和行为规范，对照检查自己平时的行为或与他人联合互评，从而发现优点，找出问题，明确方向，规范行为。这是认识深化提高的过程，是自我分析、自我评价的过程，也是自我监督、自我调控的过程。其具体操作方式为，教师针对学习目标要求和学生的行为实际，提出行为细化指标，学生对照指标要求，深刻反思或认真讨论，查评自己或他人的行为，并给予定量分析，以认识到优点和不足，找出今后努力的方向。

知行和谐发展模式的特点和优点是：

（一）符合教学内在规律

它的各个环节顺序体现了思想品德教育中知、情、意、行各要素的相互转化过程。入境、悟理、导行、查评，既依次推进，又相互作用，共同推动教学过程的发展和教育教学目标的实现。

（二）是全面落实教育教学目标的素质教育模式

它的各个环节有各自特定的任务，彼此联系，密切配合，共同促进学生知识、能力、觉悟、行为的和谐发展，促进学生整体素质的提高。

当然，这种模式不是一成不变的，它作为教学基本模式，具有一定的稳定性，但在运用时又要根据具体情况做适当调整。入境、悟理、导行、查评各环节既可在一堂课中完成，也可分为几堂课来进行，如"悟理课""导行课""查评课"等，在知行统一的原则下，教师要灵活掌握，自主运用。

【建议】

知行合一就是要根据认识与实践的辩证关系，把学习和实践结合起来，切忌学而不用。"知者行之始，行者知之成"，以知为指导的行才能行之有效，脱离知的行则是盲动。同样，以行验证的知才是真知灼见，脱离行的知则是空知。因此，知行统一要注重实践：一是要善于在实践中学习，边实践、边学习、边积累；二是躬行实践，即把学习得来的知识用在实际工作中，解决实际问题。

第八节　叩其两端

【故事】

古代有一位老太太，她有两个女儿，大女儿家是卖雨伞的，小女儿家是卖草鞋的。晴天的时候，老太太担心大女儿家的雨伞卖不出去；下雨天的时候，她又担心小女儿家的草鞋没有人买，所以老太太整天愁眉苦脸的。

后来，一个智者听说了这件事，就过来劝导老太太："老太太，晴天时，您小女儿家的草鞋生意肯定很好；雨天时，您大女儿家的雨伞一定非常畅销。因此不管什么天气，对您来说都是好日子啊！"听了智者的话，老太太觉得很有道理，从此每天都生活得开开心心。

【分析】

"叩其两端"这种学习方式，是孔子当年倡导的，至今仍行之有效。它能启发学生进行多路思考，培养他们良好的思维品质。经常这样训练，学生便能学会从正反两方面想问题，思维的广阔性和灵活性就会逐渐培养起来。

一位教师通过梯形面积计算的学习，渗透将未知转化为已知的数学思想和方法，让学生在经历操作和实验、观察和比较、归纳和概括的过程中，逐步建立和形成研究的意识和能力。为了在教学过程中体现这些设想，教师主要通过以下环节来实现：

第一环节：教师向学生提出梯形面积怎样计算的问题，提供大量的不同类型的梯形纸片，作为学生研究梯形面积的材料，并留给学生充分的时间和空间，放手让他们去探究、发现、体验。

第二环节：学生在独立或小组探究的基础上，在全班人面前交流和展现各自发现与探究的结果。在这个环节中，学生表现出了丰富多样的解决问题的方案，有的方案还很有创造性。但在交流过程中，学生只是介绍了转化成功的结果，而并没有展现出"怎样想"才能实现转化的思维过程。这样的交流、介绍虽然起到了"知道和模仿"的作用，却不能起到"启发和借鉴"的作用。

为了揭示"剪""移""折""拼"等方法背后的一般原理，教师在回应反馈时，通过下面几种类型的提问来提升学生的认识和思维水平。

一是促进学生关于转化方法的理解和掌握的提问。如"从哪里开始剪？""为什么从高剪起？""为什么从平行线剪起？""为什么从中点出发？"等等。

二是促进学生类比联想并产生积极探究欲望的提问。如"在梯形中有多少条高？只能从这条高剪起吗？""只能从这条边的中点开始剪吗？从其他边的中点能行吗？"等等。

三是进一步放大思考的空间，促进学生反思和探索的逆向提问。如"不从高剪起，而从其他角度剪可以怎样剪？""不从中点出发剪可以吗？"诸如此类的问题就可以成为教师教学有效的回应反馈。在这里，重要的是学生有没有去揣摩，去类比，去反思，而不只是转化的成功与否。

第三环节：对学生课堂回答的处理。教师要重视对学生回答的处理，因为教师的处理态度和方式，既是对问题的一个小结，也会影响学生的态度和心理，进而影响下一个问题的回答。一般的处理方式有如下几种：

1．感谢

学生回答问题后，教师应该予以感谢，仅仅"好""是的""对"这些言语是不够的，还需要利用语调的变化以及无声的姿态语言鼓励学生。

2．评论

对学生的回答进行评论从理论上说是需要的，因为学生无论回答得对与错，都想从教师那里得到信息的反馈，但是教师的这种评论是需要艺术的。处理高层次的无固定答案的问题，教师宜缓评判，待学生充分发表意见之后，再加以归纳总结。原因在于，高层次的问题要求学生运用多种思考能力，进行深入广泛的思考，本身需要较长时间，适当延长学生的思考时间，可使其思维成果更加成熟、完善，也更有可能提供富有创见的答案。同时，教师对学生的回答不急于作出评判，而是鼓励他们畅所欲言，可以在课堂上营造出安全与自由的氛围。教师在评论错误的回答时更要言语委婉，照顾学生的自尊和情绪；也可不直接做出评论，而让更多的学生来回答，启发学生自己评价自己的回答。

3．复述与澄清

并不是所有的问题都需要复述与澄清，但这是一种很好的练习，特别适合于学生回答问题时声音比较轻、没有被全班听清的时候。同时，进一步的分类对激发学生持续的思考或提供更精确的答案很有帮助。

如果出现学生只答出问题的一部分，而教师要鼓励他说出更完整的答案，就可以通过探究式提问来寻求另外的信息。下面这些话可以达到这个目的：

"关于这一点，你可以再多说一些吗？"

"现在告诉我，你为什么这么想？"

"你说得非常正确，但是还有重要的一点你没有注意到。"

4．提示

它往往发生在教师问一个问题却没有人回答，学生表情茫然的时候。这可能意味着老师的问题没有说清楚，或者学生不知道教师想问什么。当发生这种情况时，教师适当提示是非常重要的。

5．适当的等待

问题提出后，要给学生留有思考的时间，然后点名回答。思考时间力求照顾到全体，以中等偏上水平的学生为标准。这样的标准，对于水平差一点的学生虽有难度，但他们经过努力也可跟得上；对于水平高的学生，也不至于因为节奏太慢而影响学习情绪。提问要使全体学生都能参与思考，切忌先点名再提出问题。

6．利用学生的观点

这是重要的理答策略。所谓理答，是指教师对学生的回答做出反应。在理答过程中，教师要尽可能多地利用学生提供的观点，以增强学生的自信心，激发他们参与提问活动的热情。

另外，在课堂教学中，不只是教师拥有提问的权力，学生也应该拥有质疑的机会。但如今的课堂上，许多学生的质疑目的不清晰、质疑水平不够高，表现为为问而问的状态。因此，教师还要注意引导学生学会对学习内容和过程进行质疑。学生不仅可以对所学内容进行提问，还可以对这些内容进行拓展性的思考。

一般来说，教学的拓展可以从纵向和横向两方面进行：从纵向来说，可引导学生猜想或联想所学内容是否可从特殊推广到一般；从横向来说，可引导学生猜想或联想所学内容在其他的状况或情境中是否适合。这样，既可以培养学生猜想、联想的意识和能力，又可以激发他们不断补充研究、完善研究的欲望，还可以帮助他们建立起主动的学习心态和结构化的思维方式，课堂教学提问的延展作用也可见一斑了。

【建议】

"叩其两端"，即叩问两端，事物都有终始、本末、上下、精粗等两个方面。对不了解的事物，孔子总是从正反两方面推敲、研究。他曾说："我有知识吗？其实没有。有人问我问题，我对他谈的问题一点也不了解。我只是从问题的两端去推敲，这样对此问题就可以全部搞清楚了。"

一个人的知识是有限的，哪怕是像孔子这样学富五车的人也有不懂的地方，更何况是常人呢？那么，遇到不懂的问题怎么办？孔子提出了一个好的方法：叩其两端。这是一种探究问题的方法，如果依照这样的方法去做，那么对于不懂的问题就能了解了。

第九节　学而不思则罔，思而不学则殆

【故事】

　　孔子学习知识时能够虚心向别人请教，而且善于自己思考。

　　一次，他带领弟子们去拜访一个很有学问的人——老子。经过一段长途跋涉，他们才来到老子的住处，不巧的是老子正在闭目养神。孔子一行没有打扰他，而是安静地站在旁边等候。过了很久，老子终于睁开了眼睛，孔子连忙施礼拜见，然后就向老子请教为人处世的道理。老子听了，张开自己的嘴巴，说："你看，我的牙齿怎么样？"孔子疑惑地看了看，老子的牙稀稀落落的，都已经掉得差不多了。于是他摇摇头，说："您的牙齿差不多都掉光了。"老子没有说话，又把舌头伸了出来，说："再看看我的舌头。"孔子虽然觉得有些莫名其妙，但还是认真地看了看老子的舌头，说："舌头颜色红润，说明您很健康。"听了这话，老子点点头，随后又闭上了双眼，不再说话。孔子和弟子们就向老子道谢，然后离开了。

　　回去的路上，孔子的弟子们感到很疑惑，有的说："我们白白走了这么远的路，今天什么收获都没有。"有的说："我们诚心诚意登门求教，没想到他老人家这么小气，不肯教我们。"有的说："就让我们看了看他的牙齿和舌头，太不懂礼仪了。"孔子听了弟子们说的话，捋着胡子笑了起来。弟子们更疑惑了。孔子缓缓说道："老子已经教给了我们大智慧啊！他张开嘴让我们看他的牙齿，是想告诉我们，牙齿虽然坚硬，但是它们之间却经常摩擦碰撞，以硬碰硬，时间长了，受到的磨损越来越大，有的就脱落了，即使没有脱落，剩下的也是有残缺的；他又让我们看他的舌头，是想告诉我们，舌头虽然柔软，但和牙齿这样坚硬的东西相处起来，却能以柔克刚，所以至今还是非常完整，没有丝毫损伤。"弟子们终于恍然大悟，纷纷点头表示佩服。一是佩服老子的大智慧和他的无私传授，二是佩服孔子能够深入思考学习。原来，真正的学习不是别人教什么就记住什么，而是要自己动脑筋去思考。

【分析】

学习与思考的结合，是自古以来公认的一种最有成效的读书方法。通过学与思的结合，学习者可以体会到"其义自现"的效果，可以将知识内化为自己的思想、观念和行为规范。学思结合对现代教育教学来说仍然不可或缺。当把学习、思考、交流、社会实践考察、专题报告等多种方式结合后，当把理论联系社会、理论联系工作实际、理论联系自己的思想行为等要求落到实处时，学习就不再枯燥无趣，而会如同一场头脑风暴。在这个过程中呈现的观念碰撞、擦出的思想火花和形成的思维印记，将令学生受益无穷。

当前的教学中，常常有这样的场景——

"同学们，大家昨天已经预习了，现在看看有没有问题，提出来大家讨论一下。"整个教室沉默以对，没有一个人提出问题。

"那好，就由老师提出问题，你们来思考回答。"时间过去了很久，依然没有回应。于是，教师为了按时完成教学任务，没有办法再继续等待下去，只好三下五除二，一个人把要学的内容讲完……

我们的学生越来越不会提问题了，有些学生甚至读到中学毕业也不会提出一个问题。不是不好意思，不是全懂了，而是不会提，提不出问题，不知道从哪里提问题，抑或根本没有提问的意识和习惯。

没有问题意味着没有思考，没有思考怎么能提出问题？许多学生早已不会思考，忘记了思考的概念，更不知思考的路径，反而会疑惑要思考做什么。

他们习惯了等待，习惯了依赖，习惯了灌输，习惯了接受，习惯了唯师是从、唯书是从、唯命是从。他们习惯了习惯的一切，唯独不习惯冲破这些禁锢了他们思想的习惯而独立思考，而在学习中，有疑而思，有疑而问，思而有疑，思而发问，是很重要的。

著名教育学专家袁振国先生在《反思科学教育》中指出："中国衡量教育成功的标准是，将有问题的学生教得没问题了，全都懂了，所以中国的学生年龄越大，年级越高，问题越少；而美国衡量教育成功的标准是，将没有问题的学生教成有问题的。如果学生提的问题教师回答不了，那就是非常成功的，所以，美国的学生年级越高，越富有创意，越会突发奇想。"我们的学校为什么只教"学答"，而不教"学问"？我们的考试内容为什么用"答"代替"问"？我们的考试为什么只有"答"的标准而没有"问"的标准？我们的教育为什么不引发学生"问"的兴趣，教给学生"问"的方法？我们的学习为什么只关注记取结论，而忽视学习的经历过程？其实，学生不会思考，学习低效的症结就隐藏其中。教育教学的过程中要让学生亲自去感知，无论思想品德教育，还是文化知识教育，都要强调体验，强调经历，强调让学生亲身参与。只有学生亲身参与、体验了，才能达到教育目的，收到良好效果。参与体验的过程是学生发现问题、提出问题、分析问题的过程，也是学生积极思考的过程。

那么，怎样才能使思考的活动在学生的头脑里占据统治地位，使思考、认识、发现、理解和求知成为一个人最主要的精神需要呢？

首先，需要使用教师的智慧。一个不会思考的教师，教不出会思考的学生。教师本身应该是个思想者，要用思想去点燃思想，用智慧去碰撞智慧，力求转变一味填鸭式的教学方式。

教师的职责已经越来越不仅仅是传授知识，而主要是激励学生思考，他应该是一位帮助发现真理而不是直接拿出真理的人。他必须集中更多实践和精力去从事那些有效果和创造性的劳动，和学生一起，互相影响、讨论、激励、鼓舞。

正如苏联著名教育家 V.A. 苏霍姆林斯基所说："在每一个年轻的心灵里，都存放着求知好学、渴望知识的火药，只有教师的思想才有可能去点燃它。学生生活在思考的世界里，——这就是教师点燃起来的勤学好问、渴求知识的火焰。只有教师才有可能向儿童揭示出：思考，这是多么美好、诱人而富有趣味的事。只有当教师给学生带来思考，在思考中表现自己，用思考来指挥学生，用思考来使学生折服和钦佩的时候，他才成为年轻的心灵的征服者、教育者和指导者。那种热爱自己的事业而又善于思考的教师，才有力量使教室里保持肃静，使儿童特别是少年和青年用心地倾听他的每一句话，才有力量激发学生的良心和羞耻心，这种力量才是一种无可争议的威信。而那些没有什么东西好讲，学生也感觉出他没有什么丰富的思想宝藏的教师，确实是很可怜的。我们依靠思考，也只有依靠思考，才能驾驭年轻的心灵。我们的思考能点燃学生的学习愿望，我们的思考能激发学生对书籍的不可遏止的向往。"

其次，解放学生思想，转变学生的学习心态。长期以来，学生习惯了等待，习惯了接受，习惯了习惯的一切，主体意识丢失，独立能力退化，这就要求教师去帮助学生树立自主学习的意识。而自主学习表现为学习责任。学习是谁的事情？谁应该承担学习的责任？教师固然应该承担，但学生若意识不到学习的责任，不能把学习跟自己的生活、生命、成长、发展有机联系起来，就永远在昏昧等待中。只有当学习责任真正从教师身上转移到学生身上，学生自己担负起学习的责任，才是一种真正的学习。

再次，学会等待，为学生牵线搭桥。学生学习方式的转变需要一个过程。实际的课堂往往是这样的，尤其在大部分普通班级里，要叫学生提出问题，学生常常沉默寡言，面面相觑，提不出来。为何提不出？因为不习惯思考，也不会思考。那么，只好由教师提出问题，大家发表看法，可学生仍然沉默，为何？因为没有看法。哪里去找？不知道。也许有极少的学生有点想法，又碍于面子怕答错，从而拒绝回答。时间一分分过去，教学进度落后，老师急死了，忍不住越俎代庖，干净利索，省时省力，结果，又回到老路。学生永远处在等待依赖中。所以，教师不能急，要先给学生充裕的思考准备时间，善于激励，耐心等待。一部分学生可能就差那么一点勇气，需要教师为他们打打气；也有部分学生有种种顾虑障碍，需要教师给予疏导。

教师还要会引导，学生思维搁浅的时候，教师要牵线搭桥，结合已有的知识储备和生活经验，如报刊杂志、寓言故事、他人事例、电视、网络、多媒体、自然风光、人文风情、布告栏、各种标牌广告、国内外重要的事件、学生的家庭生活以及日常生活话题，等等，使学生的思考由温故而知新，由形象到抽象，由混沌到明晰；教师还可以让学生亲自去参与、去体验，也许这个探索自寻的过程要花费很多时间，甚至也许看起来一无所获，但它使学生的思维得到磨砺和碰撞，能真正活跃起来。这是一个人学习、生存、生长、发展、创造所必须经历的过程，也是一个人能力、智慧发展的内在需求，是一种不可量化的"长效"。比起短暂的急功近利的强行灌输，它是一种难以言说的丰厚回报，学生会受益终生。

最后，教师要以包容之心，为学生创造自由、安全的课堂氛围。试想，身处惴惴不安、紧张压抑、过度严肃的氛围里，学生时时刻刻提心吊胆、焦虑惶恐、瞻前顾后，怎能集中精力进行积极健康而又有序的智力思考呢？

自由就是不给学生太多的束缚，给他们宽泛的空间，让他们畅所欲言，轻松自如地各抒己见。这其中，教师和蔼亲切的微笑，循循善诱的开导鼓励是必不可少的。安全，就是允许学生的思考中存在纰漏和错误，只要学生能思考，敢思考，哪怕有错误，都是一大进步。人的认识总是在错误中提高，谁畏惧错误，谁就是在毁灭进步，因而对学生的错误不能批评指责，哪怕不经意间一个轻视的眼神、一句冷漠的话语，都不能轻易流露。教师应该引导指正，保护学生思维萌发的幼芽，因为这是他们学会思考的重要开端。

只有把学生培养成一个独立的思考者，学生才能体验到，学习是一种快乐和幸福，而这种快乐反过来又促进他们的思考。阿尔伯特·爱因斯坦说过："我们体验到的一种最美好、最深刻的情感，就是探索奥秘的感觉；谁缺乏这种情感，他就丧失了在心灵的神圣的战栗中如痴如醉的能力"。

【建议】

在孔子的教学论中，非常重视"学"和"思"的作用。学思并重，是获得真知的良好途径，也是孔子的治学方法之一。孔子认为，专靠学习、取法前人，而不加上自己的分辨、判断，就容易受到前人的思想蒙蔽和限制。前人的思想固然有很多是珍贵的、正确的，但也可能有一些是错误的；另外还有一些问题可能是前人尚未解答的，因此如果受到前人思想的蒙蔽和限制，就难免陷入迷惑之中了。相反，有许多问题前人已有解答，然而他们在解答过程中，曾误入歧途，历经千辛万苦才得到正确答案。如果今人专靠自行思索而不知取法前人，则有可能像前人一样误入歧途，导致白白耗费时间和精力。

学思结合，是把感性认识上升到理性认识的辩证统一过程。其中"疑""思""问"在教学中更具有极为重要的意义，学生只要认真地独立思考，必然生疑，疑则生问，问则求解，然后通过不同的形式解问答疑。这样，学生不仅增长了知识，还养成了独立发现问题、分析问题、解决问题的习惯。

第十节
博学之、审问之、慎思之、明辨之、笃行之

【故事】

家喻户晓的《三字经》中有这样一句话："昔仲尼，师项橐。"仲尼，大家都知道是孔子，而项橐则是一个仅七岁的少年。

有一天，项橐见到孔子说："听说先生很有学问，特来向您请教。"孔子笑着说："请讲。"项橐于是拱手而问："什么水没有鱼？什么火没有烟？什么树没有叶？什么花没有枝？"孔子听了说道："你问得真奇怪，江河湖海，什么水都有鱼；不管柴草还是灯烛，什么火都有烟；至于花草树木，没有叶怎么能成树？没有枝怎么能开花？"

项橐一听就笑了起来，摇着头说："先生说的不对。井水没有鱼，萤火没有烟，枯树没有叶，雪花没有枝。"孔子听了非常佩服："后

生可畏啊！老夫愿拜你为师。"

【分析】

"博学之，审问之，慎思之，明辨之，笃行之"，讲的是为学的几个层次，或者说是几个递进的阶段。

"博学"就是指要广泛地学习知识，培养充沛而旺盛的好奇心。如果好奇心丧失了，为学的欲望也随之而消亡，博学就成了一件不可能做到的事情。"博"还意味着博大和宽容，唯有博大、宽容，才能兼容并包，使为学者具有开阔的胸襟和长远的眼光，真正做到"海纳百川、有容乃大"，进而"泛爱众而亲仁"。因此，博学是为学的第一阶段，不经过这一阶段，为学就是无根之木、无源之水。

"审问"是第二阶段，有不明白的就要追问到底，要敢于怀疑已有的知识。问过以后，还要通过自己的思维活动来仔细分析，否则，所学知识就不能为自己所用，是为"慎思"，这是第三阶段。

"明辨"为第四阶段，知识越辨才越明，如果一味学习而不加以辨别，则所谓"博学"就变成了鱼龙混杂、良莠不分。

"笃行"是为学的最后阶段。既然学有所得，就要努力将所学付诸实践，使所学最终有所落实，做到"知行合一"。"笃"有一心一意、坚持不懈的意思。只有意志坚定、目标明确的人，才能真正做到"笃行"。

教师是教学的组织者、引导者，同时也是参与者。当前，在新课程的改革中，教师需要重新学习的东西很多，在很多方面甚至是和学生一样站在零起点上，这是教师必须正视的问题。树立重新学习观、终身学习观，博学、善思、勤写，不断提高自己的专业素养和文化底蕴，是教师在新课程改革中不断提升综合素质的必由之路。

博学就是指教师要刻苦学习，既要像海绵吸水一样吸收广博的知识，也要像蜜蜂采蜜一样勤采百花。没有系统的理论做支撑，靠一些零星散乱的方法、理论固然能点燃头脑中的火把，但这个火把终究会因为缺少持续不断的燃料而熄灭。系统地学习教育专著很有必要，比如教育学、心理学的有关专著，还有教育家的某些专著，如 V.A.苏霍姆林斯基的《给教师的建议》、夸美纽斯的《大教学论》等，学习这些著作可以帮助教师从整体的层面去把握教育教学的系统规律。另外，相关的教育教学杂志可以让教师获取最新的理论和方法，是促进教师成长必不可少的营养构成。

作为一个新课程改革下的教师，系统地学习教材更有必要。何谓系统地学习教材？就是说要以教材为例子，不断扩大学习的范围。作为一名教师，要用好教材，在教学中触类旁通，举一反三。教师只有广泛地学习，尽可能多地获得和教材有关的资源，才能在课堂上厚积薄发，让课堂焕发出无限生机与活力。当教师在课堂上对教材内容信手拈来、娓娓讲述，并且能旁征博引地拓展知识时，学生学习的兴趣便会更加浓厚。

善思就是指教师要养成思考的习惯，提升思考的能力。首先，要明白思考什么和怎样思考。其次，要加强对课堂教学的思考，比如对一节课的反思、对学生行为的反思、对教师行为的反思、对教学目标的反思和修正等。再次，要对教育现象进行理性的思考，比如对"阅读教学中诵读和感悟的关系""如何让经典导读和课堂教学相得益彰"等课题进行思考，并将个人见解发表出来。在网络、报刊中寻找一个新视角、新话题，在积极参与中锻炼自己的思考能力。最后，要在阅读中思考，这种思考既要有欣赏式的接纳，也要有批判式的吸收，还要能勇敢地提出自己的疑问，从而主导自己的阅读，成为一个善思的人。

勤写是积累、感悟、提升的过程，主要包括四个方面：

一是摘抄自己感兴趣或对自己有帮助的东西。摘抄的目的是为了记忆，抄写是一种辅助手段，记忆才是最终目的。教师如果做一个有心人，把自己摘抄的资料整理成册，那么必定会是一本本干货满满的案头必备书。

二是写读书心得。这是将书本知识活化、深化的一个过程，凭兴而发，可长可短。

三是记录课堂教学反思。对自己有所触动的教育教学案例、教学思考，无论是成功的还是失败的，要及时捕捉最初的灵感并将它们记录下来。能否成文并不重要，关键在于这份记录可以帮助教师反思和总结利弊得失。

四是记录对教育现象的理性思考。学校无小事，事事皆教育。做一个有心人，随时随地都可以找到教育的契机。在新课程改革中，教师及时记录对教育现象的理性思考，提升自己的思考能力，形成自己的思考风格，就会敢于质疑权威，敢于灵活运用教材，不至于出现唯教材马首是瞻的情况。

综上所述，新课程下教师应具备博学、善思、勤写的业务素养，并坚持不懈地学习，树立重新学习观、终身学习观，做一名与时俱进的教师。

【建议】

"博学之，审问之，慎思之，明辨之，笃行之"为我们提供了正确的方法，无论做人还是做事，都必须广泛学习、深入思考、明辨是非、执着而行。

"志学""博学"是中华民族的优良传统。古人极为重视道德的进步，认为志学的首要目的就是学习圣贤的道德品格。所谓博学，就是要广泛地学习各种相关的知识，这是古人所推崇的学习方法和要求。通过博学还能使人的思考趋于深刻和理性，从而可以从纷繁复杂的知识中总结出要领来；在重视学的同时，古人又强调思，主张学与思结合，通过慎思来提高自己的学识水平。

在知识经济时代，随着网络技术的不断进步，经济全球化趋势的加强，世界文化呈现出多元化发展的态势。在国家对外开放，发展对外友好关系的进程中，我们要继承和弘扬中华民族优秀传统文化，尊重其他国家和民族文化的差异，取其精华，去其糟粕，本着"博学、审问、慎思、明辨、笃行"的态度，学习国外先进的科学技术、科学的管理经验和适合现代化生产力发展的管理模式等，让它们为实现中华民族的伟大复兴而服务，做到"古为今用，洋为中用"，创造一个富强、民主、文明、和谐的中国。

第十一节　广博与专精

【故事】

荀子学识渊博，在继承前代儒家学说的基础上，他又吸收了诸子百家的长处，并加以综合、改造，建立起自己的思想体系，发展了古代唯物主义。现存的《荀子》三十二篇，大部分是荀子自己的著作，涉及哲学、逻辑、政治、道德等许多方面的内容。在自然观方面，荀子反对信仰天命鬼神，认为自然规律是不以人的意志为转移的，并提出人定胜天的思想。在人性问题上，他提出"性恶论"，否认天赋的道德观念，强调后天环境和教育对人的影响。在政治思想上，他坚持儒家的礼治原则，同时重视人的物质需求，主张发展经济和礼治、法治相结合。在认识论上，他承认人的思维能反映现实。在当时，荀子是打着孔子的旗号讲学的。但是，他不像孟子那样墨守成规，而是从当时的政治形势出发，对孔子的儒学主张进行了发扬和改造。

在非常有名的《劝学篇》中，荀子集中论述了自己关于学习的见解。文中强调"学"的重要性，认为只有博学才能"知助而无过"，同时指出学习必须联系实际，学以致用，学习态度应当精诚专一、坚持不懈。

荀子还非常重视教师在教学中的地位和作用，认为国家要富强，就必须重视教育、重视教师。同时对教师也提出了严格要求，认为教师如果不给学生做出表率，学生是不能躬行实践的。其实荀子自己就是一个很优秀的教师，培养了三个非常杰出的学生。李斯和韩非就是我们非常熟悉的其中两位。李斯是秦王朝的丞相，掌握朝政大权；韩非是法家的代表人物，是一代学术大师。

【分析】

孔子提倡博学，并以自己博学的模范行动给人们树立了学习榜样，深受世人的仰慕，"大哉孔子！"（《论语·子罕》），汉代大学问家王充重视博学，曾提出"能多种穀（谷），谓之上农；能博学问，（不）谓之上儒"（《论衡·别通》），"夫壮士力多者，扛鼎揭旗；儒生力多者，博达疏通。故博达疏通，儒生之力也"（《论衡·效力》）的治学观点，为后世学者所传诵。唐代诗人韩愈强调博学，写下了"贪多务得，细大不捐""俱收并蓄，待用无遗"的为学格言。宋代大儒张载极言博学，把它看作使人弃恶向善，达到至高无上的完美的、圣人境界的重要手段。孟子、荀子、朱熹、王廷相、王夫之等人也发表了许多关于博学的精辟见解。

博与精的关系，是讲如何处理掌握知识的广度和深度的问题。

反映博的概念有博、通、多、杂、厚等，反映精的概念有约、专、精、少、薄等。

在博与精问题上，有三种不同的见解。一种强调博学，即"博学派"；一种强调专精，即"专精派"；一种强调博与精的辩证关系，强调博精结合，即"结合派"。前两者看到了博与精的对立性，因而过分强调某一方面；后者既看到了博与精的对立性，又看到了统一性，因而强调博与精结合。

先说博学派的观点。博学派也不是绝对强调博，只是强调博胜于精。孔子强调要多闻博见。王充批评当时的儒生断章取义的不良学风，提倡要博览古今百家而贯通之。《吕氏春秋》首先提出了博采众长的思想，认为善学者"假人之长以补其短"（《吕氏春秋·用众》）。颜之推认为只有博才能弄清事情根源，"观天下书未徧（遍），不得妄下雌黄"（《颜氏家训·勉学》）。

再说专精派的观点。明末思想家颜习斋强调读书要精通务实，宁为一实，不为全虚。六艺不能兼通，精通一艺亦可。清代理学家陆世仪认为读书时"各人自审力量何如。若力量不足，不如且守先儒淫声美色之训。……不可厌常喜新，贪多务博"（《思辨录辑要》）。清代思想家戴震也强调专精，他说："学贵精不贵博，吾之学，不务博也。知得十件而都不到地，不如知得一件，却到地也。"（段玉裁《戴东原先生年谱》）又曾说："苟知问学犹饮食，则贵其化，不贵其不化。记问之学，入而不化者也。"（《孟子字义疏证》卷上）

最后是结合派的观点。荀子提出博要全、精要粹，认为"君子知夫不全不粹之不足以为美也，故诵数以贯之，思索以通之"（《荀子·劝学》）。董仲舒则相反，强调博精要得当，既不可太博，亦不可太节。太博使人厌倦，太节则知识暗昧，不能精通。王夫之对博与精的关系的论述颇为辩证，说："约者博之约，而博者约之博，故将以反说夫约，于是乎博学而详说之，凡其为博而详者，皆为约致其功也。"（《读四书大全说》卷六）

博精如何结合？这里又有两种见解。一种主张由博而精，先博而后至精。孟子说："博学而详说之，将以反说约也。"（《孟子·离娄下》）扬雄认为博是精的基础："寡闻则无约也，寡见则无卓也。"（《法言·吾子》）张载认为："学愈博则义愈精微。"（《经学理窟》）他提出了由博而精的途径——"学贵心悟"，只有理解，才能至精。另一种主张先精后博，博而再精，即"精—博—精"。朱熹说："为学须是先立大本，其初甚约，中间一节甚广大，到末梢又约。"（《朱子语类》卷十一）

广博与专精结合的观点应用到现代教学中，就是要求教师不但具备教育所需的扎实宽厚的基础知识和专业知识，还要深刻地理解所教的学科。特别是在当前课程改革的前提下，教师的知识必须广阔、渊博，因为正在成长中的少年儿童具有强烈的好奇心和求知欲，对任何事物都感兴趣，上至宇宙太空，下至海洋生物，从远古时代到未来世界，他们什么都想探究一番，并期待能从老师那里得到答案。孩子这种好奇心与求知欲，是发展智力的动力，教师应循序渐进地加以引导，而不能粗暴扼杀他们个性的发挥。这就要求教师应具备多方面的爱好和才能，知识要学而精，精而广，广而深，从而更好地指导学生探究神奇的世界。所以，教师要终身不断学习，不断开拓，更新并丰富自己的知识。

作为传道授业的教师，只有不断更新自己的知识，不断提高自身素质，才能教好学生。如果自身散漫，怎能要求学生认真？要提高自身素质，就要求我们青年教师要多听取老教师和学生的各种意见，并且自身不断地积极学习，不断开创新教法、新思路。

教师要把自己的学生培养成为全面发展的现代人才，就必须透彻地懂得所教的学科；另外，仅仅熟悉教学大纲和本学科内容是不够的，教师的知识应宽广得多。通常说的"要给学生新鲜水，教师应似长流水"，就是这个道理。

很多青年教师会问成功最主要因素是什么，其实，成功的因素是多方面的，成功的教师大多都善于主动地学，用心地学，创新地学，是学习中的有心人。

教师的成长离不开学习，甚至可以这样说，教师最重要的任务就是学习。勤于学习，不断充实自我，是成为名师的基础。一个走向未来的教师，不认真读书，不主动学习是不行的。那么，教师应该怎样进行学习呢？首先，要树立大的学习观；其次，要树立新的学习观；第三，要善于学习；第四，要终身学习。具体地说，教师的学习方式有以下几种：

一、向同行学习

可以向年长的教师学习，也可以向年轻的教师学习；可以向本校的教师学习，也可以向外校的教师学习；可以向优秀的教师学习，也可以向一般的教师学习。教师要取人之长，补己所短，改进教法，不断提高自身素质和教学水平。

二、向学生学习

"师不必贤于弟子"，教师还应开诚布公地向学生承认自己的过失或不足，经常向学生学习。陶行知说："你要教你的学生教你怎样去教他。如果你不肯向你的学生虚心请教，你便不知道他的环境，不知道他的能力，不知道他的需要，那么，你就算有天大的本事也不能教导他。"可见向学生学习是多么重要。

三、向报刊书籍学习

要给学生一杯水，教师要有一桶水，这一桶水从哪里来？很重要的一个途径就是向书本学习。当然，现在人们说，一桶水不够了，教师要有一条常流常新的河。不管是一桶水还是一条河，都要求教师不断地充实知识、更新知识。一个教师，没看过一定数量的教育、科学、文化方面的书籍和杂志是难以想象的。曾有一个喜欢读书的教师经常东买西购，已有一万余册数学、教育、科学、文化等方面的书，订阅了几乎所有能订到的中学生杂志和许多教育杂志，他在书海中获取知识与启示，在书海中探索与创新。

在信息时代，终身学习将成为整个生活的重要内容和律令，成为人们的一种生活方式，而教师的职业又注定他们在这方面的要求要高于一般人。不知教师们是否注意到一个名词的变化，即"师范教育"正逐步被"老师教育"取代，这等于告诉所有教师，学历社会的终结、时代的发展要求人们从学历社会走向学习社会。

人们不仅要终身学习，还要在这种理念下学会学习。在未来，你所拥有的唯一持久的竞争优势，就是有能力比你的对手学习得更快、更多。无论是为肩负时代赋予的使命，还是为成为走向未来的广博而专精的名师，都需要我们学习，学习，再学习。

【建议】

学习应坚持"博学"与"专精"相结合的原则。博是手段，专是目标，专精以博学为基础，博学以专精为归宿。只有把博学与专精结合起来，才能形成最佳的知识结构。一个墨守成规的教师，对于学生创造性的发展无疑是一种巨大的障碍。当代教师应是学生智慧成长的引导者、促进者和自我智慧成长的反思者、实践者，还应是一个班级的智慧领袖。他们不仅要具有广博的知识，更要具有各方面专精的智慧。教师们只有用智慧的心灵才能点燃学生智慧的头脑。教师的魅力在于用一个智慧的生命去照亮许多智慧的生命，用一个智慧的心灵去唤醒许多智慧的心灵。

第十二节　循序渐进

【故事】

从前，纪昌拜箭术高手飞卫为师学习射箭。飞卫收其为徒后，对纪昌的要求非常严格。刚开始学习射箭时，飞卫对纪昌说："你真的要跟我学射箭吗？要知道，不下苦功夫是学不到真本领的。"纪昌表示为了学会射箭，自己不怕吃苦，愿意听从老师吩咐。于是，飞卫很严肃地对纪昌说："你要先学会不眨眼，只有做到了不眨眼，才可以开始谈学射箭。"

纪昌回到家里，仰面躺在妻子的织布机下面，两眼一眨不眨地直盯着妻子织布时不停踩动着的踏板，天天如此，月月如此。他心里想着飞卫老师对他的要求和自己向飞卫老师表示过的决心，要想学到真功夫，成为一名箭无虚发的神箭手，就要坚持不懈地刻苦练习。他就这样坚持练了两年，从来没有间断过。到最后，即使锥子的尖端刺到了眼边，他的双眼也一眨不眨。

于是，纪昌整理行装，告别妻子，又去飞卫那里了。飞卫听完纪昌的话后，却对纪昌说："这还不够。要学好射箭，你还必须练好眼力才行，要练到看小的东西像看到大的一样，看隐约模糊的东西像看明显清晰的东西一样。你还要继续练，练到了我说的地步，你再来告诉我。"

纪昌又一次回到家里，选了牛尾巴上的一根最细的毛，一端系上一个小虱子，另一端悬挂在自家的窗户上，两眼注视着吊在窗口牛毛下端的小虱子。他就这样目不转睛地看着。十天不到，那虱子似乎变大了一点。三年过去了，那个系在牦牛毛下端的小虱子又变大了，看起来大得仿佛像车轮一样了。纪昌再看其他的东西，全都变大了，看起来大得竟像是巨大的山丘。于是，纪昌马上找来强弓和利箭，左手拿起弓，右手搭上箭，目不转睛地瞄准那仿佛车轮一般大小的虱子，将箭射出去，箭头恰好从虱子的正中间穿过，而悬挂虱子的牛毛竟没有被射断。

　　这时，纪昌才深深体会到要学到真本领必须下苦功夫不可。他把这一成绩告诉了飞卫。飞卫听后，忍不住高兴得跳了起来，并向纪昌表示祝贺说："你成功了！射箭的奥妙，你已经完全掌握了啊！"

【分析】

　　在《朱子读书法》中，朱熹说："穷理之要，必在于读书；读书之法，莫贵于循序而致精。"循序渐进，是朱熹反复强调且始终坚持的治学之方。循序渐进，是指教学要按照学科的逻辑系统和学生认识发展的顺序，有系统、有步骤、由低到高、由浅入深地进行，使学生系统地掌握基础知识、基本技能，形成严密的逻辑思维能力。

　　朱熹认为："小学者，学其事。大学者，学其小学之事之所以然。"基础的学习只能教学生识一些字，做一些具体的事，从识字做事当中获得简单的基本知识。到了高级的学习，就要领悟道理。对于必须要研读的《四书》，他也严格规定了阅读次序：先《大学》，次《论语》《孟子》，最后《中庸》。

　　朱熹还进一步指出，读书要从易到难，从浅到深，从近到远，急不得，也慢不得。"所谓急不得者，功效不可急；所谓不可慢者，工夫不可慢。"这是在告诫读书人既不可急于求成，也不可松松垮垮，而要进度适当，方能见效。

循序渐进的原则在现代教学中应用也十分广泛，而且依据这个原则进行的教学大都取得了良好的效果。

【案例】

某节课一开始，教师便播放了一段《警察破案》的故事片，内容是警察根据指纹破获案件。学生们看得津津有味。

师：看了刚才的故事片，你们想说什么？

生1：可以用指纹来抓坏人。

生2：我知道指纹就是我们的手指印。

师：那你们还想知道些什么？

生3：指纹有大小吗？

生4：指纹是不是都不一样，我自己不同指头的指纹一样吗？

生5：双胞胎的指纹一样吗？

生6：指纹到底有多少种？

（一段故事片激起了学生极大的兴趣，大大小小的问题学生共提了二十几个）

师：要想研究指纹，咱们还得先把指纹提取下来。老师在桌子上给大家准备了一些东西，看谁能用桌子上的东西，以最快的速度取到一枚既清楚又完整的指纹。

（学生动手提取指纹，师生交流各自取指纹的方法）

师：看来同学们的方法比老师的多，也比老师的好！那老师就按你们的方法来试一试。

师：（投影显示老师的两枚指纹）看到这两枚指纹，你们现在最想研究什么？

生7：指纹都一样吗？

生8：指纹有多少种？

生 9：指纹还有些什么特点？

师：用你们自己想到的办法来研究你最想研究的问题，并把研究的结果记录下来（15 分钟）。

（学生分组研究问题，并做好记录）

师：有结果了吗？哪个组先来和大家交流一下？

生 9：我们研究的问题是，指纹一样吗？通过将我们小组几个同学的指纹做比较，我们发现每个人的指纹都不一样。

生 10：我们研究的问题是，指纹有什么特点？通过比较，我们发现，有的指纹是圆圆的，我们叫它"圆形"；有的像小山，我们叫它"山形"；有的像流水的波浪形，我们叫它"小溪"。

（多么有趣的名字，多么细致的观察！正是因为有了学习的热情，学生才有了探究的兴趣，才会乐此不疲地去实验，得出结果）

师：研究到这里，还有其他问题吗？

生 11：指纹除了这几种，还有没有其他类型？

生 12：指纹还有其他特点吗？

生 13：指纹还有其他作用吗？

师：课后请同学之间互相说说你的指纹属于哪种类型，还可以看看爸爸妈妈的指纹又是哪种类型。另外，刚才的几个问题大家可以课外去研究解决。

（学习无止境，探究亦无止境。探究不仅仅是让学生得出结论，更应该引导他们把学习延伸到课外，自己去查资料，解决问题）

这次教学活动的主题是让学生观察自己的指纹。让学生通过观察、比较、拓印等手段对自己的指纹进行研究，并提出想研究的合适的问题。以小组为单位，制订研究方案，通过写写印印、语言描述等记录方法，找出自己小组选择的问题的答案。在学习和研究的过程中，让学生不断提出新的问题，不断尝试用新的方法去解决，使学生的学习带着问题不断向纵深发展，在不停的循序渐进的探究中，学会简单的观察、分析与研究等科学方法。

【建议】

朱熹主要从三个方面论述循序渐进的含义：首先，学习的过程应当根据知识的难易程度确定先后顺序，由浅入深，由小及大。他指出："事有大小，理无大小，故教人有秩而不可躐等。"其次，循序渐进也包括知识的积累和持之以恒的治学精神。他注解《论语》中的"譬如为山"时指出："学者自强不息，则积少成多，中道而止，则前功尽弃。"这是说学习的进步或退步，主要取决于学习者的自觉性、持之以恒的精神。再次，循序渐进的原则体现在读书上，就是读通了一本书后再去读另一本书；如果是读一本书，就要按照首尾篇章的顺序来读。

总而言之，"未明于前，勿求于后"。朱熹循序渐进的原则，主要是强调学习要有踏实的作风，由浅入深，由小及大，追求扎扎实实的效果。

第十三节　熟读精思

【故事】

清代嘉兴人朱然，在院试和乡试中都考了第一，一些同乡的落榜生不服气，认为朱然只是运气好，就在他家大门口写了七个大字：偶然中试是朱然。

后来，朱然去参加会试，同样高中，这回那帮落榜生都不说话了。不过，朱然这次却不再沉默了，在自家门口那七个字的基础上续成了一首诗：偶然中试是朱然，难道偶然又偶然？世间多少偶然事，要道偶然不偶然！

对于大多数普通人来说，学习是一件日积月累的事，容不得半点侥幸和偷懒。如今，急功近利的心态让人们做任何事情都希望能速成，但事物的发展有其必然性和偶然性，积累是一个不可缺少的过程。

三国时期有个叫董遇的学者，很有学问，许多人都想拜他为师，但他不肯教，总是让别人把要看的书"必当先读百遍"。他认为："读书百遍，其义自见。"苏东坡也说："故书不厌百回读，熟读深思子自知。"

再比如作词，宋人强调"学"重于"才"。黄庭坚就说过："诗词高胜，要从学问中来。"古代没有电视、没有电脑、没有手机，没办法"秀才不出门，全知天下事"，而且交通也不方便，一般也行不了万里路，要想有学问，全靠多读书。所以，黄庭坚又说："士大夫三日不读书，则义理不交于胸中，对镜觉面目可憎，向人亦语言无味。"而王安石则自称博览群书："某自百家诸子之书，至于《难经》《素问》《本草》、诸小说，无所不读。"

苏东坡不像王安石那样"无所不读"，但他的"每一书皆作数过尽之"的"八面受敌读书法"为世人所称道。他说："如欲求古今兴亡治乱，圣贤作用，且只作此意求之，勿生余念。又别作一次，求事迹、故实、典章、文物之类，亦如之，他皆仿此。"

苏东坡读书是看了一遍又一遍，百看不厌。他的老师张方平觉得很不可理解，因为张方平读书都是一次过，他的特长是速记，能过目不忘。但后来张方平发现，苏东坡一遍又一遍地读，还真比自己读出了新意，也常会有更深刻的见解。

【分析】

朱熹强调读书必须反复阅读，一点不能偷工减料。门生吴伯英初见朱熹，问他如何读书。朱熹的回答再简单不过："读书无甚巧妙，只是熟读。""凡人读书，须虚心入里玩味道理，不可只说得皮肤上。譬如一食物滋味尽在里面，若只舔噬其外，而不得其味，无益也。"这里，朱熹告诫门生吴伯英：书，要熟读，不可浅尝辄止。

朱熹在建阳考亭撰文教谕沧州精舍的门生曰："书不记，熟读可记。"书要读到不仅能背熟，对书中的内容了如指掌，而且在说出书中的内容时，就像发自内心所说的话那样。这就要求学生必须在读书时深入探求作者的思想感情，体验作者的旨趣。"一一认得，如同自己作出来的一般。"

熟读是精思的基础，对书中的名物训诂，都要一一领会，在此基础上，再进一步深刻理解文章的精义及思想真谛。熟读精思的目的，是深刻理解圣贤文章中的思想真谛。朱熹说："大抵观书，须先熟读，使其言皆若出于吾之口；继之精思，使其意皆若出于吾之心，然后可以有得尔。"又说："大抵所读经史，切要反复精详，方能渐见旨趣。""小有疑处，即更思索，思索不通，即置小册子，逐日抄记，以时省阅。"

朱熹一生，无论教学，还是著述，都是殚精竭虑，探幽索微，力求获得精深的义理。在沧州精舍时，他完成了六经的传述。"其于读书也，又必使之辩其音释，正其章句；玩其辞，求其义；研精覃思，以究其所难知；平心易气，以听其所自得。然为己务实、辨别义利、毋自欺、谨其独之戒，未尝不叁致意焉，盖亦欲学者穷理反身而持之以敬也。"

"须是无这册子时，许多节目次第都恁地历历落落，在自家肚里，方好。"朱熹特别强调读书须有疑："读书无疑者，须教有疑；有疑者却要无疑，到这里方是长进。"又说，"书始渐未知有疑，其次渐有疑，再其次节节有疑，过此一番之后，疑渐读释，以至融会贯通，都无可疑，方始是学。"开始读书时只是理解而已，然后渐渐产生疑问，通过反复读，疑问渐解，最后达到全然无疑，这个过程就是读书取得功效的体现。他认为有些人读书收效不大，是由于在"熟"和"精"二字上下功夫不够。他还批评那种读书贪多的倾向，一再讲"读书不可贪多，且要精熟。如今日看得一板，且看半板，将那精力来更看前半板"。

此外，陆九渊也不仅教人勤读书，还教人熟读书、精读书。他认为，读书不熟，等于不读，熟读而无选择或选择不得紧要处，则徒劳而无益，所以诵读宜熟，选择宜精。

博学固然可贵，但精专尤其重要，陆九渊说："古之君子，知固贵于博。然知尽天下事，只是此理。所以博览者，但是贵精熟。知与不知，元无加损于此理。"那么，怎样才能精读书呢？首先，能精熟读书者不拘泥于文义，而抓住书中的实理、精彩、血脉等。只有将文义与本实相结合，才能掌握经典的血脉而得实益，这样才算读书精熟。其次，能精熟读书者必定以谨慎仔细的心态去钻研，而不至犯粗心浮气的毛病。再次，能精熟读书者必能大胆怀疑，必有批判抉择的能力。最后，能精熟读书者必能沉思痛省和反复穷究，直到彻底察明道理为止。

【建议】

熟读精思已然是一种亘古不变的学习原则，在如今的现代教学中，熟读精思原则仍然必不可少，其运用也相当广泛。

以语文教学为例，阅读教学是以阅读文章为主，将词句段篇、听说读写融为一体的语文综合训练，它的重心在一个"读"字上。课堂上要让学生多读课文，贯彻"以学生为主，以自学为主，以读书为主"的原则，正如课标指出的"各个学段的阅读教学都要重视朗读和默读"，充分发挥朗读对理解课本内容、发展语言、陶冶情感的作用。

因此，教师在执教时，要精心设计教学过程，努力实现课堂教学最优化，变琐碎的分析为导读，以读为本，把读书的权利交给学生。要打破老师教阅读的思路，树立学生学读书的思路，让琅琅的读书声充满课堂，激发学生主动求知的欲望，尽可能多地增加学生读书的机会。要创设各种读书的情境，保证学生读书、思考、讨论、交流、练习的时间，从而达到以读代讲，以读促解的目的。

第十四节　虚心涵泳

【故事】

《红楼梦》里描写香菱学诗的一段文字就是一个虚心涵泳的过程：

"据我看来，诗的好处，有口里说不出来的意思，想去却是逼真的。有似乎无理的，想去竟是有理有情的……我看他《塞上》一首，那一联云：'大漠孤烟直，长河落日圆'，想来烟如何直？日自然是圆的。这'直'字似无理，'圆'字似太俗。合上书一想，倒像是见了这景的。若说再找两个字换这两个，竟再找不出两个字来，再还有'日落江湖白，潮来天地青'：这'白''青'两个字也似无理，想来，必得这两个字才形容得尽，念在嘴里倒像有几千斤重的一个橄榄。还有'渡头余落日，墟里上孤烟'：这

'余'字和'上'字，难为他怎么想来！我们那年上京来，那日下晚便湾住船，岸上又没有人，只有几棵树，远远的几家人家做晚饭，那个烟竟是碧青，连云直上。谁知我昨日晚上读了这两句，倒像我又到了那个地方去了。"

香菱不仅在体味用字的妙处，还在体味整个诗歌的意境，这些都是借助自己以前的经历涵泳得来的，靠的是在头脑中构思出美好的图景。妙悟强调直觉，而涵泳重在体验。但两者并不是截然对立的关系，涵泳到一定程度就会妙悟出诗歌的审美意蕴。

【分析】

朱熹极力强调读书要虚心涵泳。虚心，即不存成见，虚怀若谷。涵泳为古代文论术语，是文学艺术鉴赏的一种态度和方法，指对文学艺术作品的鉴赏应该沉潜其中，反复玩味和推敲，以获得其中之味；还可以作为名词使用，有内涵、内蕴、品味的意思。朱熹说："学者读书，须是敛身正坐，缓视微吟，虚心涵泳。"针对一般人读书往往存在的先入为主的毛病，朱熹指出，读书要尊重原著，探明原意。"看文字须是虚心，莫先立己意。""凡看书须虚心看，不要先立说。"如果先带着条条框框，先入为主，自然不能彻底理解书本本来的意义，而变成自我的主观揣测和臆断。所以他又说："虚心切己，虚心则见道理明，切己自然体认得出。"

但是，"今人观书，先自立了意，后方观。尽率古人语言，入做自家意思中来。如此，只是推广自家意思，如何见得古人意思？"针对人们读书时心存偏见、拘囿于成说的问题，朱熹强调，读书要持公正态度，要学会独立思考，敢于发表新的见解。"（读书）正如听讼，心先有主张乙底（的）意思，便只寻甲底不是；先有主张甲底意思，便只见乙底不是。不若姑置甲乙之说，徐徐观之，方能辨其曲直。"

"读书遇难处"时，朱熹认为应当"虚心搜讨"，也就是"笃志虚心，反复详玩"，进而"勤苦捱将去"，下一番苦功夫，这样才可能"理会道理"。他对涵泳工夫尤其重视，如"吃果子一般，劈头方咬开，未见滋味便吃了；须是细嚼教烂，则滋味自出，方始识得这个是甜是苦是甘是辛，始为知味"，"看人文字，不可随声迁就，我见得是处，方可信。须沉潜玩绎，方有见处。不然，人说沙可做饭，我也说沙可做饭，如何可吃？"朱熹认为，读书时应该边读边思考，反复揣摩圣人的话语，用心体会圣人的思想，只有如此，才能够真正理解书中的深意。

《曾国藩家书》中，曾国藩对朱熹提出的"虚心涵泳"的解释是："涵泳二字，最不易识，余尝以意测之。曰：涵者，如春雨之润花，如清渠之溉稻。雨之润花，过小则难透，过大则离披，适中则涵濡而滋液。清渠之溉稻，过小则枯槁，过多则伤涝，适中则涵养而浡兴。泳者，如鱼之游水，如人之濯足。程子谓鱼跃于渊，活泼泼地；庄子言濠梁观鱼，安知非乐？此鱼水之快也。左太冲有'濯足万里流'之句，苏子瞻有夜卧濯足诗，有浴罢诗，亦人性乐水者之一快也。

"善读书者，须视书如水，而视此心如花、如稻、如鱼、如濯足，则涵泳二字，庶可得之于意言之表。尔读书易于解说文义，却不甚能深入，可就朱子'涵泳''体察'二语悉心求之。"

从读书的角度来看，"涵泳"是一种较高的境界。从知的角度来看，如果我们对一个名词不熟悉，可能会形成认知上的障碍；从识的角度看，解释是一种必要，也是知识传递的要义。对于事物，如果不知，就无法到达识的地步。

虚心涵泳，就是要反复咀嚼，仔细玩味，深刻体会书中的意趣。

朱熹说过："读书之法无他，惟是笃志虚心，反复详玩，为有功耳。近见学者，多是卒然穿凿，便为定论；或即信所传闻，不复稽考。所以日诵圣贤之书，而不识圣贤之意，其所诵说，只是据自家见识杜撰成耳，如此岂复有长进？"

【建议】

在现代教学中，如果想要实现高效的阅读教学，那么教师就需要引导全体学生学会涵泳。涵泳就是全身心地沉浸在文本的语言环境中，对语言进行推敲、辨析、领悟、品味，从而达到知其意、得其趣、悟其神的目的，是增强语感、陶冶情操、训练思维，从根本上提高阅读能力的重要途径。一篇文章，作者的思想感情只能借助文字来表达，要真正读懂文章，必须深入地去体会文中蕴含的思想感情，切实做到涵泳。

引导学生涵泳，教师要把着眼点放在对文本关键词语的推敲和辨析上。要领悟和品味语言，就要理解词语的含义和它在表情达意中的作用。要辨析词语的本义和引申义、表层义、深层义，理清词语的搭配关系，体会词语的感情色彩，感受词语的表现力。对一个词语，只有联系具体的语言环境，才能确切解释它的含义，体会它对于表情达意的作用，辨别它用得是否准确、鲜明、生动。学生能够推敲、辨析词语，从而领悟、品味词语的含义，阅读能力就得到了大大地提升。

第十五节　切己体察

【故事】

"人间四月芳菲尽，山寺桃花始盛开"，当读到这句诗时，沈括的眉头皱了起来，心里打了一个大大的问号，"为什么我们这里花都开败了，山寺里的桃花才刚开始盛开呢？"为了解开这个疑惑，沈括约了几个朋友上山进行实地考察。四月的山上，乍暖还寒，凉风袭来，让人忍不住瑟瑟发抖，沈括一下子茅塞顿开。原来山上的温度比山下要低很多，因此花期比山下晚。凭借着这种求索精神和实证方法，沈括写出了被誉为"中国科学史上的里程碑"的笔记体百科全书——《梦溪笔谈》。

【分析】

所谓切己体察，朱熹认为，读书首先要与自己的思想实际、生活经验等结合起来。即读书时不能只在纸面上做工夫，还必须将书中道理与自己的生活结合起来。他说："读书穷理，当体之于身。凡平日所讲贯穷究者，不知逐日常见得在心目间否？不然，则随文逐义，赶趁期限，不见悦处，恐终无益。"又说："读书须要切己体验，不可只作文字看。""读书不可只专就纸上求理义，须反来就自家身上推究。"所以，朱熹从秦汉以来的历史，推及到当下，强烈反对不切己体察的读书方法。"秦汉以后，无人说到此，亦只是一向去书册上求，不就自家身上理会"，"今人读书多不就切己上体察，但于纸上看，文义上说得去，便了。如此济得甚事"。

其次，朱熹强调要以所读之书的道理来指导自己的实践，或使之在实践中受到检验。他说："大凡读书，须是要自家日用躬行处著（着）力方可。"又说："读书便是做事。凡做事，有是有非，有得有失，善处事者，不过称量其轻重耳。读书而讲究其义理，判别其是非，临事即此理。"要将书上的"圣贤言语，体之于身"，考察体验自己能否如此实行。他曾说："读书须是要身心都入在这一段里面，更不问外面有何事，可见得一段道理出。"他主张"读书穷理"，认为，"为学之道，莫先于穷理，穷理之要，必在于读书"，而"读书穷理，当体之于身……读书不可只专就纸上求理义，须反来就身上推究"。读圣贤书的最终目的，是为了"存天理，灭人欲"，并落实到自身。

朱熹以圣贤的榜样为例，讲正心，自己先心正；讲诚意，自己先意诚；讲修身齐家，也不是空话。他强调读书不仅是要获得知识，探求义理，更重要的是落实到自身修养的提高上。如果学到的义理只是停留在纸面上，或者只是用于教导别人，那就失去了学习的意义。切己体察，就是要切实地联系自己，来体察圣贤书中的道理，变成激励自己改进、提高的动力。从读书法的角度来看，朱熹强调读书必须联系自己，联系实际，将学到的理论转化为行动，这个观点是可取的。

【建议】

现代教学中，切己体察原则更是不容忽视。下面以《只有一个地球》这篇课文的讲授为例，体会一下切己体察的重要性。

《只有一个地球》这篇课文上有这样一段话。应该说这段话写得很平实，完全是用一种说明夹杂着议论的方式来写的，很难看出有什么形象和情感的东西：人类生活所需要的水资源、森林资源、生物资源、大气资源，本来是可以不断再生，长期给人类做贡献的。但是，因为人们随意毁坏自然资源，不顾后果地滥用化学品，不但使它们不能再生，还造成了一系列生态灾难，给人类生存带来了严重的威胁。

就是这样一段话，看起来平平淡淡，读起来普普通通，好像没有什么嚼头。有些老师教这段话的时候，很可能就这么一笔带过了。但有一位老师不是这样，他是怎么做的呢？

第一步，这位老师先让学生自己读这段话，可想而知，一开始学生都读得非常平淡，根本就找不到感觉。

第二步，老师请学生看了一段录像。大致内容是这样的：一开始，森林葱郁、鸟语花香；继而，树木被砍、树桩遍地；紧接着，狂风大作、暴雨倾盆；最后，洪水泛滥、村庄被淹。看完录像，他再请学生朗读，这时能听出，分明已有一种忧患袭上了学生的心头。

第三步，请学生结合自己的生活实际，自由谈论读完这段话以后的感触。

谈完感触后，他再请学生朗读这段话，这时深深的忧患意识通过学生的朗读传达出来，全班的每一个同学，听课的每一位老师，都受到了强烈的感染。

这样的感悟策略，正是再典型不过的"切己体察"。

第十六节　着紧用力

【故事】

晋代时，一个叫车胤的人从小就勤奋好学，但家境很差，家里没有钱买灯油供他晚上读书。

一个夏天的夜晚，他正在院子里背诵一篇文章，忽然看见许多萤火虫在夜空中飞来飞去。一闪一闪的光点虽然微弱，但在黑暗中已经非常耀眼了。他想，如果把许多萤火虫捉起来放在一起，不就变成一盏灯了吗？于是，他连忙抓了几十只萤火虫，放在一只白绢口袋里面，再扎住袋口，把袋子吊起来。虽然没有蜡烛那么明亮，但用来看书已经足够了。

从此，只要外面有萤火虫，他就抓一把来当灯用。由于他刻苦读书，后来终于学有所成，做了朝廷的高官。

【分析】

着紧用力，即读书时必须抓紧时间、振作精神，不能拖拖拉拉、松松垮垮。

朱熹把读书比作撑上水船，比作治病救火，以此来强调读书要抓紧时间，一刻也不能放松。"直要抖擞精神，如救火治病然，如撑上水船，一篙不可放缓。"他又把读书比作两军对垒："圣人千言万语，无非只说此事须是策励此心，勇猛奋发，拔出心肝与他去做。如两边擂起战鼓，莫问前头如何，只认卷将去，如此方做到工夫。若瞻前顾后，便做不成。"总而言之，读书虽然不能追求速成，但必须抓紧抓狠，丝毫不能懈怠，要有"一棒一条痕，一掴一掌血"的精神。

一方面，朱熹最忌讳"半上半落，半沉半浮"的二吊子作风，认为这种态度必定一事无成。另一方面，他又认为读书是一项细致功夫，不能蛮干硬干。

为此，他提出"宽着期限，紧着课程"的读书原则。意思是说，考虑到熟读精思的需要，总的读书目标不能定得过高，期限不能安排得过于紧凑；而在具体实施时，比如读一本书时，就绝不能松松垮垮，一定要抓紧时间、毫不放松地完成任务。

【建议】

对于现代教学而言，朱熹的着紧用力原则依然非常必要，许多教育工作者也始终在自觉遵循着这个原则。

一次月考后，一位教师发现了一个问题，有些学生学习明明很努力，每天晚上都学到十一二点，可是成绩依然没有明显的提高，时间长了，学生感到非常困惑，家长也很着急。为什么成绩就是上不来呢？

第一，学习不是一朝一夕的事情，必须持之以恒。无论是家长还是学生，都必须做好长期奋斗的心理准备，想一口吃个胖子是不可能的，急于求成决不可取。那么这就需要家长和学生都要具备良好的心态和清醒的头脑，胜不骄，败不馁，绝对不能三天打鱼两天晒网。有一些家长，孩子考得好了就眉开眼笑，又是表扬又是物质奖励；孩子考得差了，就不问青红皂白，一通臭骂，甚至讽刺挖苦，根本不能理智地帮孩子分析成绩不理想的原因。家长都没有良好的心态，怎么去教育孩子？

第二，学习必须注重基础，切忌舍本求末。现在许多学生在课外都参加了补习班，甚至同一学科就有两三个。教师很不理解，有这个必要吗？学生们就像赶场一样，在形形色色的补习班之间来回奔波，不但劳神费力，而且最终效果也要打上一个大大的问号。

因此，对待学习，我们要做到脚踏实地，着紧用力，切不可舍本求末。唯有如此，才是有效、高效的，才有可能实现突破。

第十七节　三人行，必有我师

【故事】

孔子师徒一行周游列国时，有一天路过楚国的满城，看到这里山清水秀，风景如画，便停车下来观赏。

走着走着，忽然看见前边路旁有两个小孩正对着天空指手画脚，争论不休，互不相让。

孔子走上前去，微笑着问他们："二位童子，你们为了何事争论不休？"

甲童指着天上的太阳说："我们在争辩这轮红日，何时离地面近，何时离地面远。"

孔子吃了一惊，小小年纪，竟然提出了这样连大人也想不到的问题，可见楚国的教化不同凡响。孔子对这两个孩子的问题很感兴趣，便停止赶路，十分关注地问："依你们之见，太阳何时离地面近呢？"

甲童理直气壮地回答说："早晨太阳离地面近。"

孔子追问道："为什么呢？"

甲童解释说："日出的时候，太阳像车轮一样大；中午的时候，太阳像盘子一样大。但凡我们看东西时，离得近了就大，离得远了就小，所以我说早晨离地面近。"

孔子认真想了想，觉得甲童说的有道理，忍不住夸奖道："言之有理！"

乙童走上前来，辩驳道："有何道理？早晨太阳刚出来时，我们感觉非常凉爽；而到了中午，太阳则灼热炙烤，就像靠着火盆和热汤似的。但凡我们感受一种会发热的东西时，离得近了就热，离得远了就凉，所以我说中午太阳离地面近。"

孔子皱了皱眉头，觉得乙童说得也很有道理。

人们都说孔子博览群书，上知天文，下晓地理，没想到这个问题还真把他难住了，一时不知该怎么说才好。两个孩子眼巴巴地望着孔子，期待着他的解答和评判。孔子素来实事求是，从不掩饰自己的缺点和不足，于是老老实实地告诉两个孩子，这个问题他也搞不懂。

两个孩子感到很失望，其中一个说："人人都说你是一个无所不知的圣人，可是你也有不知道的事情啊！"

【分析】

子曰："三人行，必有我师焉。"是指每个人都有他的长处，都有值得我们学习的东西。但是，千百年来，从孔子这句名言中，我们学到的只是谦逊好学的道理，注意力更多地放在儒家教育思想的层面上，却很少从心理学和人性的角度去考究，透过这句话去深层次地挖掘儒家文化的精髓，领略儒家文化的丰富内涵。

若想真正做到"三人行，必有我师焉"这句话，虚心学习他人的长处也许不难，但真正的难点却在于如何发现、善于发现他人的长处！每个人都有他的长处，但要发现它们并不是一件易事，一方面要看这些长处是否明显，另一方面取决于我们是否善于发现。因此，要想做一个取他人之长、补自己之短的人，首先要做一个善于发现的人。

善于发现别人的长处，不但要善于与人友好交往，还要有一个良好的心态和一双敏锐的眼睛。只有在与人友好交往的过程中，才能尽可能多地发现别人的长处。要想做到这一点，首先须尊重他人，对别人产生兴趣。从心理学的角度讲，尊重他人、对别人表现出兴趣是打开他人心扉最好的钥匙，是通向人们之间友好交往的桥梁！但是，对他人的长处给予充分积极的肯定是需要勇气的，需要一个宽广的胸怀。人是一种很奇怪的动物，对他人真诚的赞赏往往十分吝啬。培根曾在《培根论人生》一书中叹道："人往往总是把赞美留给自己！"尽管先贤们早有"闭门思过"的金玉良言，在现实生活中我们也许有过"闭门思过"的"壮举"，但多数时候不是思己之过，而是思他人之过，怨天尤人，缺乏真正的反思。一个不知反省、不懂得赞赏他人之人，怎么可能真正发现别人的长处，怎么可能虚心向他人学习呢？因此，要想战胜自己，越过这层心理障碍，须有一定的勇气和胸襟！否则，难免成为一个井底之蛙、一个故步自封之人。一个人如此，一个民族、一个国家亦如此！

只有当我们学会了尊重别人，对他人表现出真正的兴趣，由衷地赞赏他们，才有机会发现更多的长处。透过孔子的这句名言，我们不但要看到他教育思想的伟大，更要充分领悟他的处世哲学以及儒家文化的博大精深！

【建议】

三人行，必有我师。真正好学的人是不拘于固定的老师的，随处都可以向任何人请教。从另一方面说，"择其善者而从之，其不善者而改之"，也就是《论语·里仁》篇里所说的"见贤思齐焉，见不贤而内自省也"，老师的优点固然值得我们学习，老师的缺点我们也可以借鉴。

在我们人生的不同阶段有不同的老师，第一个老师就是养育我们的父母，父母的一言一行对我们的影响最深。生活中有很多对我们有影响、有帮助的人。有的人与我们有一面之缘，有的人与我们相伴一程，有的人从未相识却从他那里受益良多。另外，不仅所有帮我们的人是我们的老师，那些伤害我们的人也是我们的老师。

子曰："三人行，必有我师焉。"不仅仅是说每一个人的身上都有值得我们学习的优点，我们更要有一颗谦虚的心向身边的每一个人学习。同时我们还要有一颗感恩的心，感谢每一个用各种形式帮助我们的人，甚至给我们带来苦难的人。逆境使人沉沦，亦使人奋进。

第十八节　工欲善其事，必先利其器

【故事】

　　有一天，父亲对两个儿子说："今天，给你们每人一把斧头，一天的时间里谁砍的柴多，以后这个家就由谁做主。"大儿子拿了斧头便急冲冲地上山去了，二儿子则仔细看了看斧头，将斧头磨得十分锋利，然后才到山上去砍柴，结果二儿子赢得了这场比赛。

　　"磨刀不误砍柴工"，这句话表面的意思是在刀很钝的情况下，砍柴的速度与效率会严重降低，砍柴前磨刀虽然需要花费一些时间，但一旦把刀磨得很快，砍柴的速度与效率就会大大提高，砍同样多的柴时用时反而较短。

　　这个道理延伸开来，就是想要办成一件事，不一定要立即着手开始做，而是先要认真筹划，论证可行性并安排步骤，创造有利条件，做好充分准备，这样才可以大大提高办事效率。

【分析】

　　孔子告诉子贡，一个做手工工艺的人，要想把工作完成，做得完善，应该先把工具准备好。

　　现实生活中经常有这种情况，学生们相似的年龄、相同的智商，学习效果却因人而异。有的学生学得轻松愉快，成绩突出，事半功倍；有的学生则学得十分吃力，成绩平平，事倍功半。学习是否得法往往是造成这种差距的主要原因之一。"工欲善其事，必先利其器"，如果我们在学习过程中掌握正确、科学、有效的学习方法，就如同获取了打开知识宝库的金钥匙。

　　做一件事时，必须先做好准备工作。这也就告诉我们，凡事必须有一个周全的计划，做好准备工作，才能取得成功。对于这句话，要注意以下两点：

一、凡事预则立，不预则废

我们在做任何事情的时候，都要事先计划，合理的规划有助于我们解决问题，特别是突发的紧急问题。健全有效的计划是优秀管理的特征之一，不仅可以预测可能会出现的问题，也不会在问题突然出现时束手无策。

二、磨刀不误砍柴工

虽然事先的准备工作会花一些时间，但是这并不耽误事情的实施，并且，准备工作做好了，也能起到事半功倍的效果。因此，无论在做任何事的时候，都不能操之过急。做好准备工作，打好基础，对于之后工作的具体实施有很大的帮助。

【建议】

常言说得好："磨刀不误砍柴工。"工匠在做工前打磨好工具，操作起来就能得心应手，就能达到事半功倍的效果。对于教师来说也是如此，只有事先进行周密的计划，做好各项准备工作，才能将教学活动有条不紊地顺利推进，并妥善地解决教学过程中出现的各种问题。

第十九节　开卷有益

【故事】

北宋时期，宋太宗赵光义命文臣李昉等人编写一部规模宏大的分类百科全书——《太平总类》。这部书收集摘录了一千六百多种古籍的重要内容，分类归成五十五门，全书共一千卷，是一部很有价值的参考书。因为这部书是太平兴国年间编成的，所以定名为《太平总类》。对于这么一部规模宏大的巨著，宋太宗规定自己每天至少要看两三卷，一年内全部看完，于是将此书更名为《太平御览》。当宋太宗开始阅读这部巨著时，有人觉得皇帝每天要处理那么多国家大事，还要去读这么一部大书，太辛苦了，就劝宋太宗少看些，不一定每天都得看，以免太过劳累。

可是，宋太宗却回答说："我喜欢读书，能从书中得到很多乐趣，多看些书总会有好处，况且我并不觉得劳心费神。"

于是，宋太宗仍然坚持每天阅读三卷，有时因处理政务耽搁了，也要抽时间补上，并且常常对身边的人说："只要打开书本，就会有好处的。"

由于宋太宗每天阅读三卷《太平御览》，久而久之，他的学识越来越渊博，处理国家大事也更加游刃有余。大臣们见皇帝尚且如此勤奋，也纷纷效仿努力读书，所以当时朝廷上下读书的风气很盛，连平常不怎么读书的宰相赵普，也孜孜不倦地阅读《论语》，有了"半部论语治天下"的说法。后来，"开卷有益"便成了成语，形容只要打开书本阅读，就会有益处，用以勉励人们勤奋学习。

【分析】

高尔基说过："书籍是人类进步的阶梯。"多读书，会增长知识，开阔视野，让人进步。培根说过："史鉴使人明智，诗歌使人巧慧，数学使人精细，博物使人深沉，伦理之学使人庄重。"诸多名言，用一句话来概括，就是开卷有益。如果我们不多读书，哪来的那么多知识呢？如果没有了知识，我们怎样辨别是非呢？

书是历史经验的总结，是社会文化的结晶。读书，可以洞晓世事沧桑；读书，可以彻悟人生道理；读书，可以广济天下民众。

马克思写《资本论》时，读了一千余册自藏书，还到大英博物馆看了三间房子的书。如果马克思不多多读书，可能就写不出《资本论》这样一部巨著。古人说，人可一日不食肉，不可一日不读书。书是全人类的营养品，让我们精神充盈，思想强壮，修养深厚，意志坚强。

确实，博览群书能使人拥有广博的学问，能言善辩，受人尊敬。诗圣杜甫有句名言："读书破万卷，下笔如有神。"这一点是不能否认的。杜甫阅览过的书不可记数，书中的知识被深深印在他的脑子里，在他写文章、写诗的时候，一连串的好词好句便从他的笔尖顺流而下，一篇篇的佳作名篇便广为传诵、流传千古。所以，多读一些有益的书，是能帮助我们写出好文章的。

英国小说家亨利·菲尔丁说过："不好的书也像不好的朋友一样，可能会把你戕害。"由此看出，"开卷有益"必须有个前提，就是读"益卷"，取其精华。只有这样勤奋读书，拓宽视野，才能真正悟出"开卷有益"的本意，并终身受益。在这个信息化的世界里，读书是我们获取知识的主要途径之一。多读书可以增加我们的知识量，提升我们的修养，对日后的说和写都有很大的帮助。大量的阅读使我们能够储存更多的知识，而我们在补充知识的同时，知识也在不停地更新。这时，如果我们停止读书，或者读的书少了，我们的知识就会变成一潭死水，并且很快就会枯竭。只有丰富的课外阅读，才能使自己的知识日益丰富，常谈常新。

歌德曾说过这样一句话："读一本好书，就是和许多高尚的人谈话。"是的，书是人类最好的朋友、最好的老师。只有勤于读书、善于读书的人才会真正体会到书之乐趣，才能看清世间的美与丑，了解读书人自身存在的缺陷，使他们不断完善，走向进步。

事实也是如此，美国著名科学家富兰克林小时候十分重视写作，但总是在措辞优美、条理清晰等方面欠缺一筹。为此，他的父亲鼓励他多读书，并把书中自己认为好的语句记下来，再用自己的语言阐明道理，然后与原文对照，比较彼此的优劣。富兰克林遵从父亲的教诲，从此多读书，读好书，并坚持写读书笔记，时间一久，他的写作有了很大进步。

由此可见，富兰克林的进步是他勤于"开卷"、善于"开卷"的结果。开卷能使人们陶醉在知识的海洋中，能使我们受到高尚修养的熏陶，能指引我们正确地思考，正确地解决问题，并且善于解决问题。人们都说"学海无涯"，那么书就是人生大海中最好的舵手，因为有书，我们才能明辨方向，渡过大海，驶向成功的彼岸。

【建议】

"师者，传道、授业、解惑也"，这是我们再清楚不过的事实，但我们教育别人的基础是什么呢？假使只是四五年的师资培养过程，以及一年年在教学过程中累积的经验，也许我们很快就会陷入"黔驴技穷"的窘境。特级教师黄玉峰说："语文教师只是一个'贩卖人'，他们的教学方法不需要读书，只需要做题目，题海战术的结果是苦了自己也苦了学生。烦琐的语文分析，照本宣科的教学方式已经越来越不为学生所接受，学生的阅读在超过老师。"有人说，语文老师是最容易当的老师，识几个字，讲几篇有统一说法的课文，做几张有标准答案的试卷就够了。其实，语文教师不是容易当、最容易当，而是难当、最难当。

语文老师难当，现在在业内已基本上达成共识。它不仅要求语文老师喜爱语文、擅长语文（作文），还需要有丰富的语文知识。如果说前者表现为语文老师要"作家化"的话，那么，后者则要求语文老师"学者化"。在中学各门学科中，语文是最具综合性的，知识内容涵盖面极大。因此要求语文老师应该对各种知识进行广泛涉猎，努力使自己成为一个"杂家"；除具有扎实的语文知识外，还应当有其他方面的知识。但目前，许多语文教师缺乏哲学、美学、社会、经济、自然等学科的常识。试想，一个学生一年读一本书的话，那么有着几十个学生的语文教师又该读多少书才能满足学生的求知欲呢？有专家建议，语文教师每年的阅读量应不少于200万字。作为教师，应该学在学生的前面，方能对学生起到引导作用。

《庄子》说："水之积也不厚，则其负大舟也无力。"这充分说明了知识对于教师的重要性。让阅读成为我们的生活必需，让书籍成为我们的精神伴侣。无论是古代的还是现代的，无论是中国的还是外国的，无论是科技的还是人文的……一切凝聚着人类文化精神的读物都应该进入我们的视野，这样教师才能底气十足地走向学生，走向课堂。

第二十节　敏而好学，不耻下问

【故事】

卫国大夫孔圉聪明好学，为人非常谦虚。孔圉死后，卫国国君为了让后人都能学习和发扬他好学的精神，特别赐给他一个"文"的称号。因此后人就尊称他为孔文子。

孔子的学生子贡也是卫国人，但是他不认为孔圉能配得上那样高的评价。有一次，子贡问孔子："孔圉的学问和才华虽然很高，但是比他更优秀的人也有不少，凭什么赐给他'文'的称号？"孔子听了微微一笑："孔圉非常勤奋好学，脑筋聪明又灵活，如果有任何不懂的事情，就算对方的地位或学问不如他，他也会大方而谦虚地请教，一点都不感到羞耻，这是他最难能可贵的地方，因此赐给他'文'的称号并不会不恰当。"经过孔子这样一番解释，子贡终于服气了。

【分析】

"敏而好学，不耻下问。"敏，乃勤奋也。好，乃喜爱也。所谓"笨鸟先飞早入林"，勤奋好学终会有所成就。当你学习时，必有不懂的问题，向别人请教是必然的，有何"耻"可言？通过勤奋学习，可以增长见识，提升自我；不耻下问，又会进一步升华自己。因此，能做到这两点是十分重要的。况且，对于社会来说，如果每个公民谦虚而优秀，那么这个社会就将得到无限的发展。对自己，对社会都有好处的事，何乐而不为呢？

现在，总有些学生由于自己的自满情绪不断滋生，遇到一些自己不懂、不会的问题，往往碍于面子，任其藏在心头，最后造成自己知识的空洞越来越大。其实，这种态度和做法是非常"危险"的，必须"悬崖勒马"。"人无完人，金无足赤"，如果没有"不耻下问"的精神，长大后又如何具备"宰相肚里能撑船"的伟大胸襟呢？

众所周知，英国著名物理学家牛顿从小就有一种"打破砂锅问到底"的精神。他遇到一些不懂、不会的难题，总是爱问一个"why"，也正是这种好学好问的精神，把他引领到了成功的彼岸。有一次，牛顿在自家院里的苹果树下聚精会神地阅读，一个掩映于绿叶之间的红苹果突然从树上掉落下来。牛顿吓了一跳，拿起苹果，脑袋里闪现出一个疑问：苹果为什么会往下落？为了解决这个问题，他开始查找资料，利用自己学过的知识进行试验，但还是"竹篮打水一场空"。最后，他向肚子里没有多少墨水的老农请教。老农告诉他，自己并不知道这是为什么，只是觉得苹果成熟后，本身的重量会加重。这个回答使牛顿若有所得。经过一番论证后，他终于恍然大悟，发现了万有引力定律。

这个故事带给我们的启迪是深刻的。牛顿这是一种什么样的精神？正是我们缺少的"不耻下问"的精神。这种精神不但不会令我们有失颜面，而且能让我们得到更多。我们又何乐而不为呢？

"敏而好学，不耻下问"，这是大家都懂得的道理，但要真正去实现它，也不是一件容易的事情，必须付出一番努力才可以。

敏即是勤奋。要在心里暗暗地下定决心，努力去工作、学习。首先要付诸行动，还要能坚持，有恒心和毅力。毛泽东少时不顾家里的反对，毅然出门求学。没有读书的地方，他就在繁闹的街边读书，学习丝毫不受影响，终于在嘈杂中成了一位伟人。

战国苏秦读书时"锥刺股"，汉代孙敬读书时"头悬梁"，都是敏而好学的体现。喜爱学习，乐于学习，勤于学习，不只学生当如此，工作中的人也是这样。

"敏而好学"也许有不少人都能做到，而"不耻下问"能有多少人做到呢？向不如自己的人请教，这可不仅仅是好不好学的问题，还牵涉到自尊心、虚荣心的问题。有的人位卑才低，求教于位尊者、才高者，觉得似乎没什么；一旦反过来，位尊求教于位卑，才高者求教于才低者，往往会觉得别扭，甚至会感觉不光彩，耻于开口了。这种感觉多半来自于心理压力，我们当然要克服它。我们可以进行自我暗示："问个问题有什么呢？""他也许比我强呢！""别人才不会这么在乎我呢，何难堪之有？"在自我暗示下，可以尽快地调整自己的心态。

【建议】

子曰："敏而好学，不耻下问。"面对学生不会问、不愿问、不懂问的现状，教师在教与学的双边活动中应该促使学生质疑发问。在教学活动过程中，教师不仅要善于发问，更要满腔热情地促使学生发问。

首先是讲明问的好处，古人云："学贵知疑，小疑则小进，大疑则大进。"当学生知道了问的好处，有的人就会主动问了。同时教师要善于鼓励学生质疑，并勇敢地面对疑问，慎重作答。要记住，你的回答有可能改变一个人的思想或命运。

另外，在教学中，教师要有意识地设置"问"的情境，使学生形成认识冲突，发现问题，进而提出问题。

总之，教师在教学过程中，要想方设法激起学生问的火花，促使学生从"怕问"到"敢问"再向"会问"转化，让他们学会"好问"这一很好的学习方法。

第二十一节　学而优则仕，仕而优则学

【故事】

北宋名臣吕蒙正有一段坎坷的少年时期，因为一些原因，他和母亲有家不能回，只好住在一个破窑洞里。窑洞无门无窗，一遇到刮风下雨，风雨就往里面钻，非常难熬。母子俩的生活全靠母亲给村里人纺棉织布，勉强度日。年幼的吕蒙正非常懂事，不仅没叫过一声苦，还经常挖野菜、拾柴火，为母亲分担家务。他每天外出时，总要路过村子里的学堂。听到学生们朗朗的读书声，吕蒙正也非常想坐在里面跟他们一起上学。可家中连吃穿都顾不上，哪来的钱供他上学呢？

　　吕蒙正的母亲于是决定自己教儿子读书。她找到一些有些残缺的旧书，晚上一边纺线，一边教儿子识字读书。吕蒙正有了读书的机会，高兴极了，就连拾柴挖菜的时候嘴里也在背诵。遇到难懂的字词，母亲也解答不了，吕蒙正就到村中学堂向先生请教。先生见他如此好学，就收他为"特别学生"，吕蒙正的学业因此大有长进。太平兴国年间，吕蒙正进京赶考，被宋太宗钦点为状元。他曾经三次担任宰相，以刚直不阿、敢于直言进谏而闻名。

【分析】

　　中国的读书人自古就有勤学苦读的传统。晋代的时候，车胤借着萤火虫发出的微弱光芒坚持不懈地苦读，最终成为饱学之士，入朝为官。同是晋朝人的孙康借着冬天大雪映出的光亮，如饥似渴地读书，最后也入朝为官，成为学富五车的一代名士。这些人的经历很容易让人想起《论语》中的一句话"学而优则仕"。"学而优则仕"是《论语》中子夏的名言，其实前面还有一句："仕而优则学。"朱熹解释说："优，有余力也。"这句话的意思是，从政者如果尚有余力，就应该不断地学习、充实和提高自己；读书人如果有余暇时间，应该去做官，检验平时所学。子夏在这里提出了政府官员要终身学习的主张，强调学习和做官要结合起来。

　　但实际上，在科举制度形成以前，读书与做官之间的关联并不大。随着科举取士的实行，读书做官的观念才开始一步步深入人心。科举时代，读书、及第、做官成为广大读书人的追求，这个时候的启蒙教育也都强调"万般皆下品，唯有读书高"，以金榜题名、功名利禄的诱惑来规劝学童读书。《劝学文》有云："富家不用买良田，书中自有千钟粟。安居不用架高堂，书中自有黄金屋。出门莫恨无人随，书中车马多如簇。娶妻莫恨无良媒，书中自有颜如玉。男儿欲遂平生志，五经勤向窗前读。"这种读书观也影响到社会各阶层。

学而优，可以为秀才，中举人，成进士，获取功名。至于探花、榜眼、状元，那更是学子中的精英，致仕封官是当然的。即便是今之学士、硕士、博士，学而优者，又有实际工作能力，开考亦罢、应聘亦罢，国家公务员招考为之提供了极好的机遇，如有志当官似亦不成问题。

孔子是主张"学而优则仕"的，"学也，禄在其中矣。"（《论语·卫灵公》）他本人50岁后，列任鲁国"中都宰""司空""大司寇行摄相事"。在孔子的治理下，鲁国曾大治。但齐国送了一批美女，令鲁侯三月不朝。孔子很失望，于是辞官而周游列国，希望找到自己的位置。在卫国，灵公虽惜其才，但不加以重用，孔子喟然叹曰："苟有用我者，期月而已，三年有成。"（《史记·孔子世家》）。当然，"仕"不是孔子的终生追求，也不是终极目的。孔子是要通过"仕"来实现他所谓的"道"，实现他的"仁政德治"，完成他的志问，即"老者安之，朋友信之，少者怀之"。（《论语·公冶长》）

孔子门下弟子三千人，"身通六艺者七十有二人"。孔子对"学而优"的弟子是颇为赏识的，特别是各有所长的十个弟子："德行：颜渊，闵子骞，冉伯牛，仲弓。言语：宰我，子贡。政事：冉有，季路。文学：子游，子夏。"（《论语·先进》）并不时向社会推介他的优秀子弟："回也，其心三月不违仁"，赞赏颜回不离仁德；"由也果"，赞赏子路果敢决断；"赐也达"，赞赏子贡通情达理；"求也艺"，赞赏冉有多才多艺；（《论语·雍也》）子路，"千乘之国，可使治其赋也"；冉求，"千室之邑，百乘之家，可使为之宰也"；公西赤，"束带立于朝，可使与宾客言也"。（《论

语·公冶长》）"今由与求也，可谓具臣矣。"（《论语·先进》）
"雍也可使南面。"（《论语·雍也》）

实际上，孔门弟子确有不少"学而优则仕"的。据《论语》《史记》等记载：冉求，"为季氏宰"；子路，先后"为季氏宰"，"为蒲大夫"，"为卫大夫孔悝之邑宰"；子贡，曾"为鲁使于齐"，后"常相鲁、卫"；宰我，"为临菑大夫"；子游，"为武城宰"；子夏，"为莒父宰"；曾参，曾"仕为吏"；子贱，"为单父宰"；子羔，"为费郈宰"；子华，曾"使于齐"；仲弓，"为季氏宰"。

在孔子看来，"学而优则仕"利国利民，学未优而仕则害人害己。如子开，"习尚书"，学而优，孔子即说："可以仕矣。"（《史记》卷六十七"索隐"）反之，由于子路"使子羔为费宰"，孔子严厉批评他："贼夫人之子。"（《论语·先进》）是言"子羔学未执习而使为政，所以贼害人"。至于学习不刻苦，白天睡大觉的宰予，孔子则斥之为"朽木不可雕也"。（《论语·公冶长》）

孔子尽管主张"学而优则仕"，但同时认为，当官不是学习的唯一的目的，不当官也没有什么。有人问孔子："子奚不政？"孔子答："《书》云：'孝乎唯孝，友于兄弟，施于有政。'是亦为政，奚其为为政？"（《论语·为政》）说明孔子认为不是做官才是为政，才是参与国事政事。孔子还赞扬过长期不断学习，不断进取，却不思为仕者，"三年学，不至于穀（谷），不易得也"（《论语·泰伯》）。

孔子是襟怀坦荡的、豁达的。在他的时代，学而优，除做官以外，亦可教授、从医，或从事其他技艺。像子贡从商就很有成绩，孔子死后，他还做了魏文侯的老师，难能可贵。当然，孔子认为，当官是施展自己的儒才、展现自己的儒德、实施自己的儒政、传播自己的儒道、实现自己的抱负的重要途径。

应该注意，并引起我们进一步思考的是，在孔子的时代，"仕"亦通"事"。《诗·大雅》云："武王岂不仕？"在这里，"仕"释为"作官"岂非笑话？郑玄笺："武王岂不以其事功业为事乎？"故"学而优"则可去建树事业，成就功业。

孔子本人，是"学而优则仕"的典范。他可以为仕从政，亦可以为师从教；无论从政从教，都是一以贯之地传播、弘扬儒道。他集儒学之大成，成为一代儒学宗师，被后人尊为至圣先师，就是最好的证明。

随着历史推移、时空转换，社会已经给人们提供了越来越多的发展空间。在现代社会中，政治、经济、文化各个领域中的色彩缤纷的各个行业，无不为"学"而"优"者提供了广阔天地，都欢迎"学而优"者去耕耘，去践履，去建功立业！

关于"仕而优则学"中"仕"和"优"的问题，前述备矣。"仕而优则学"，较之"学而优则仕"，人们的关注相对较少。"学而优则仕"，关乎者甚众，因为涉及个人的前途和命运的问题，关注者自然多，无论家庭、社会都反应强烈。"仕而优则学"，从狭义而言，仕者毕竟少之又少，特别是既已为"仕"，往往自我感觉良好，对"学"不感兴趣的大有人在。

孔子同样是提倡"仕而优则学"的。他率先垂范，做出了榜样。孔子30岁时，齐景公与晏婴访鲁，孔子当时已经很有声望，齐景公与他讨论秦国的事情。孔子自言"三十而立"，而立之后，仍然发愤学习。35岁时，在齐国闻《韶》音，"三月不知肉味"。"四十不惑"，不惑之后，他仍去探索学习周易。孔子自言"五十而知天命"，50岁时他为鲁中都宰，一年后为司空，仍学而不懈。《庄子》云："孔子年五十一，南见老聃。"是说孔子向老子讨教。即便到了晚年，他的勤奋读书，"读《易》，韦编三绝"（《史记·孔子世家》）。

孔子的弟子做官者不少，做官以后亦从师教，坚持学习不辍，向老师请教。《论语》等对此亦有记述，有的记之甚详。

例之一：子贡问曰："孔文子何以谓之'文'也？"子曰："敏而好学，不耻下问，是以谓之'文'也。"（《论语·公冶长》）这是孔子解析卫国大夫孔圉死后被谥为"文"的理由。孔文子，死于鲁哀公十五年或稍前，孔子说这话时已年过古稀，子贡早就当了官，事业有成了，仍向孔子虚心请教。

例之二：仲弓为季子宰，问政。子曰："先有司，赦小过，举贤才。"曰："焉知贤才而举之？"曰："举尔所知。尔所不知，人其舍诸？"（《论语·子路》）

例之三：子夏为莒父宰，问政。子曰："无欲速，无见小利。欲速则不达，见小利则大事不成。"（《论语·子路》）

例之四：季氏将伐颛臾（鲁国的附庸国）。冉有、季路（为季氏属官）见于孔子曰："季氏将有事于颛臾。"（《论语·季氏》）向孔子讨教。

此外，《史记》载："子贱为单父宰"，亦"反命于孔子"，向孔子讨教。

上引子贡、仲弓、子夏、冉有、季路，是《论语·先进》中记述的孔子最为赏识的学习突出的五人。他们确实做到了"学而优则仕"，"仕而优则学"。

"仕而优则学"，是对仕者的要求，无论过去、现在、将来，均有着深刻的历史意义和现实意义，是所有人不能忽视的。

中华人民共和国成立以来，党和国家领导人都反复强调并倡导党员、国家行政机关工作人员以及各界、各业的领导者和管理人员要加强学习，不仅要学习马列主义、毛泽东思想、邓小平理论、

"三个代表"重要思想、科学发展观、习近平新时代中国特色社会主义思想，还要学习历史、哲学、经济、科技，以加强世界观、人生观的改造，提升个人修养；同时要加强应对社会变化的能力、适应时代发展的能力，全心全意地为实现"中国梦"服务、为人民服务，为实现中华民族的伟大复兴贡献自己的力量。

【建议】

"仕而优则学，学而优则仕。"这句话告诉我们，人的一生是学习的一生，不管在什么时候，什么地点，只要有机会学习，就不要放过机会。

做官的把事情做好了，就更广泛地去学习，以求更好；学习学好了，就可以去做官，以便更好地推行仁道。孔子说，"学而时习之"，出仕是"时习之"的途径之一，也就是把所学、所修的东西应用到从政的实践之中。但是，修身与学习是无止境的，从政可以更好地修身，也可以更好地推行仁道。

第二十二节　知之为知之，不知为不知

【故事】

有一天，孔子和弟子们正走在游历的路上，突然，孔子乘坐的车子停了下来。原来有一个小孩在路上垒石头玩，挡住了去路。

驾车的子路大声喊道："小孩子，你躲一躲，我们要从这里路过。"

"你们是谁呀？"小孩子歪着脑袋问。

子路回答说："孔子和他的学生。"

小孩又问："孔子是什么人？"

子路骄傲地告诉他："孔子是圣人。"

小孩追问："圣人？那圣人一定什么都知道吧？"

子路理所当然地说："那当然。"

小孩听了后，一本正经地说："好，那让我来问问他。"

孔子在车上听见了他们说的话，就从车上走下来，说："孩子，你要问什么问题呢？"

小孩问："听说你是圣人，那就应该没有不知道的事。我问你，按照道理，是城应该躲着车，还是车应该躲着城？"

"当然是车躲着城了。"孔子答道。

"那你看看，我这垒的是什么？"小孩又问。

孔子低下头一看，小孩垒的不光是几所房子，还有城墙。

小孩笑了："你看明白了吧？既然是车躲城，那就不该叫我让开。"

孔子没有办法，只得叫子路赶着车从一边绕了过去。

孔子一行走到一个村庄，在一户人家投宿。子路到井台打水准备做饭，可是找不到水桶，只得用一只两头小中间大的陶罐打水，水打满提了上来，一放在地上，陶罐就倾斜了，水也就流光了。试了几次，都是这样。正无计可施时，孔子走了过来，把陶罐看了又看，然后亲自把它放回井中，只汲了一半水就提上来，然后重新放到地上，陶罐就稳稳当当地立起来了。

孔子对弟子们说："陶罐是一种很古老的汲水器，它两头小中间大，容易汲水，但不能汲满，一满它就倾覆，而汲半罐才不会倒。"

孔子又联想起之前路上与小孩的对话，感慨地说："做人就和这陶罐一样，不能自满，自满就要倾覆。世界上我们不知道的事情多着呢，我们要承认自己的无知。知道就是知道，不知道就是不知道，这才是聪明智慧的人。"

【分析】

一、诺贝尔奖得主的"三问三不知"

孔子尚且主张"知之为知之，不知为不知"，对不知道的事物采取存而不论的态度，那么普通人当然也不可能样样都知道。承认有所知、有所不知，是一种诚实的态度，也是最聪明的态度。唯其有所"不知"，才能成其"有所知"。宋代的大臣吕端，宋太宗称他"小事糊涂，大事不糊涂"，就是弃"小慧"而就"大智"的一个好例子。《汉书》中张释之为上林尉的辩护，也正是在这一点上来立论，从而得到汉文帝的理解。

世界著名物理学家、获诺贝尔物理学奖的美籍华人丁肇中在接受中央电视台《东方之子》采访时，曾对很多问题都表示"不知道"。他在一所大学做学术报告时，面对同学的提问又是"三问三不知"："您觉得人类在太空能找到暗物质和反物质吗？""不知道。""您觉得您从事的科学实验有什么经济价值吗？""不知道。""您能不能谈谈物理学未来20年的发展方向？""不知道。"三问三不知！这让在场的所有人意外，但不久就赢得全场热烈的掌声。也许，一些人在说"不知道"时往往被看作是孤陋寡闻和无知的表现，但丁先生的"不知道"却体现着一种做人的谦逊和科学家治学的严谨态度，不禁令人肃然起敬。

孔子曰："知之为知之，不知为不知，是知也。"学问愈深，未知愈重；越是学识渊博，越要虚怀若谷。作为专家、学者，对不知道的东西，我们要老实地承认"不知道"，要敢于说"不知道"。美国现代物理学家费曼指出，科学家总是与疑难和不确定性打交道。当一个科学家不知道一个问题的答案时，他就是不知道；当他有了大概的猜测时，他的答案也是具有不确定性的；即使他对自己的答案胸有成竹时，他也会对质疑留有余地。对科学家来说，承认自己的无知，使自己的结论留有被质疑的余地，是科学发展必须坚持的。学人只有秉持这样的科学态度，才能不断地"格物致知"，获得新认识，达到新境界。所谓"一事不知，学者之耻"，其本意正是在于策励学者们不断求索，不断进取。"吾有知乎哉？无知也。有鄙夫问于我，空空如也。我叩其两端而竭焉。"即使是在专业领域内，那种自诩或表现为无所不知的"专家"，其学识乃至其人品也都是值得怀疑的。

其实，丁肇中教授大可不必说"不知道"。比如可以用一些专业性很强的术语糊弄过去，搪塞过去，甚至可以委婉地对学生说："这些问题对于你们来说太深奥，一两句话解释不清楚。"但是，这位诺贝尔奖得主却选择了最老实、最坦诚的回答方式，而且表情自然、诚恳，没有明知不说的矫揉造作，没有故弄玄虚，也没有"卖关子"。丁教授坦言不知道，不但无损于他的科学家形象，更凸现了他严谨的科学态度，令人敬佩。

与丁肇中"三问三不知"相似的还有帕瓦罗蒂在一个大型演唱会上的表现。他刚演唱到高潮之际，却突然停顿下来。举座哗然，连乐队都停了下来。帕瓦罗蒂坦诚地说自己忘记歌词了，请求大家原谅，希望大家再给他一次表演机会。在一阵沉寂后，全场爆发出热烈的掌声。事后，有人告诉帕瓦罗蒂："你完全可以做做口型，而不必承认自己忘了词。相信观众肯定会认为是麦克风坏了而丝毫不会怀疑到你身上。"帕瓦罗蒂微微一笑："如果还有下次，我同样会认错。因为事实早晚会被人知道，那对我的声誉影响会更大。"

二、知之为知之，不知为不知

韩愈在《师说》中，尖锐地批判了当时社会上耻于从师的陋习："惑而不从师，其为惑也，终不解矣。"惑而不从师，其结果要么是迷惑无知，要么就是不懂装懂。孔子曾说过："知之为知之，不知为不知，是知也。"他认为，学习是老老实实的事，承认自己有不懂的地方，本身就是认识上的一种进步。然而，在我们身边，不懂装懂，自以为是，因羞于脸面而不敢去问的人却不在少数。这种心理和思想大大抑制了我们的发展，抵消了学生们的才能和努力，使他们的骄傲自满心理潜滋暗长，进而使他们没有了"无知感""求知欲"，"不知"却以为"知"，这才是最可怕的无知。

然而，那些真正的学问家，因为懂得学无止境，所以总能看到自己无知的一面。孔子曾说："盖有不知而作之者，我无是也。多闻，择其善者而从之；多见而识之；知之次也。"孔子并不否认"生而知之"，但他认为自己不是这样的人。他多次谈到，他的成绩得益于虚心好学。正因为如此，他对于不懂装懂、夸夸其谈的行为是深恶痛绝的。

有这样一个例子：有一位青年对誉满全球的大科学家爱因斯坦称自己"无知"感到大惑不解。于是他向爱因斯坦问了这个问题，爱因斯坦笑着随手拿出一张纸，在上面画了一大一小两个圆圈。然后指着大圆圈说："我的知识圈比你大，当然未知领域的接触面也比你大。"

可见，知识越是增加，"无知感"越是强烈，这是有成就的伟人、学者们的普遍体会。法国数学家笛卡尔说过："愈学习，愈发现自己的无知。"如今的我们，更应懂得这个道理，还有理由"惑而不从师"吗？

翻开人类的行进史，从远古到现在，再到将来，都是人们对周围事物由"不知"到"知"的逐步完善的过程。过去如此，将来也是如此，所以人类的发展，既要靠有知来发现，更需要有"无知感"的有志者去开拓。

所以，青少年更应该总结前人的教训，要有疑就问，有意识去地问，有胆量地去问。印度文学家泰戈尔为自以为是的人画了这样一幅像："青烟对天空夸口，灰烬对大地夸口，都以为它们是火的兄弟。"法国思想家米歇尔·德·蒙田则把真正有学问的人比喻成麦穗："当它们还是空的，它们就茁壮挺立，昂首藐视；但当它臻于成熟，饱含鼓胀的麦粒时，便开始低垂下头，不露锋芒。"因此，只有我们有了"知之为知之，不知为不知"的意识，才能"从而师之"，才会有所发展。

【建议】

孔子反对那种表里不一的人，批评那种光说不做的人，讨厌那种口是心非的人。他说："德之不修，学之不讲，闻义不能徙，不善不能改，是吾忧也。"即品德不去修养，学问不去讲求，听到了义不能去做，有了过错不能改正，这些都是他所忧虑的。他对学生不仅听其言，而且观其行，要求学生要言行一致，说到做到，多做少说，先做后说，"言必行，行必果"，"知之为知之，不知为不知"。他对弟子颜回的粗衣淡食，刻苦好学，少说多做，一再给予表扬。孔子的言行告诉了我们学习和笃行相结合的重要性。现在我们提倡教育理论和实践相结合，遵循知行统一的原则，重视培养学生高尚的思想品德和良好的动手能力，和孔子的思想是一脉相承的。

知，即为知道；不知，即为不知道。在生活中，每个人都有不知道的事情，即使伟大的圣人孔子也有不知道的时候，更何况一个普通人。这就要求我们要诚实、谦虚，然后才会进步。

生活中千变万化，学习上困难重重，无论是多么能干、聪明的人，总有一些事会难倒自己，"不遇难，不会真正地成长"，说的就是这个道理。别人有别人的优点和缺点，自己有自己的优点和缺点，如果能相互欣赏、交流和帮助，不是很完美吗？在自己不知道时要承认不知道，保持谦虚，多向别人请教，做到不耻下问，这才是真正的聪明。

很多人都读过孔子的一篇文言文，那就是《两小儿辩日》。说的是孔子到齐国周游，一次，在路上看见两个小孩在争论。孔子问他们俩为什么争辩，他们就把各自的看法告诉了孔子，可是孔子也不知道谁对谁错，就如实告诉他们俩：他不知道。从这里可以看出，孔子的谦虚，是他受到后人尊重的原因之一。孔子这样伟大的圣人尚且能够如此谦虚，我们就更加应该如此。这样，我们可以互相弥补自己的缺点，发扬自己的优点，培养自身良好的品格。

在学习上，谦虚的态度非常重要。毛泽东曾经说过："虚心使人进步，骄傲使人落后。"在学习中，我们要永远谦虚，做到不耻下问，这样才能取得更大的进步。请千万要记住骄傲对我们的毒害有多大！要多和同学交流讨论，取得更多的方法。遇到不懂的，不要装懂，否则只会害了我们。

"知之为知之，不知为不知，是知也。"记住，一定要保持诚实、谦虚、不耻下问，这样才会使我们更上一层楼。

第二十三节　庖丁解牛

【故事】

　　有一个名叫丁的厨师替梁惠王宰牛，他的手所接触的地方，肩膀所靠着的地方，脚所踩着的地方，膝盖所顶着的地方，都发出皮骨分离的声音，用刀时又发出霍霍的响声。这些声音没有不合乎音律的，既合乎《桑林》舞乐的节拍，又合乎《经首》乐曲的节奏。

　　梁惠王说："很好！你的技术怎么会如此高明呢？"

　　厨师放下刀子回答说："臣下所喜好的是自然的规律，已经超过了对宰牛技术的追求。当初我刚开始宰牛的时候，因为还不了解牛身体的结构，看到的就是整头的牛。三年之后，见到的是牛的内部肌理筋骨，再也看不见整头的牛了。现在宰牛的时候，我只是用精神去和牛接触，而不是用眼睛去看，就像视觉停止了，而精神在活动。顺着牛体的肌理结构，劈开筋骨间大的空隙，沿着骨节间的空穴使刀，都是依顺着牛本来的结构。宰牛的刀从来没有碰到经络相连的地方、紧附在骨头上的肌肉和其他肌肉聚结的地方，更何况大腿部的大骨头呢？技术高明的厨师每年换一把刀，因为他们用刀子去割肉。技术一般的厨师每月换一把刀，因为他们用刀子去砍骨头。现在我的这把刀已用了十九年了，宰牛数千头，而刀口依然像刚从磨刀石上磨出来的那样锋利。牛身上的骨节是有空隙的，但是刀刃没有厚度，用这样薄的刀刃刺入有空隙的骨节，那么在运转刀刃时一定是宽绰而有余地的了，因此我用了十九年而刀刃仍锋利如故。可即使如此，每当碰上筋骨交错的地方，我一见那里难以下刀，就十分警惕和小心翼翼，目光集中，动作放慢。刀子轻轻地动一下，哗啦一声，骨肉就已经分离，像一堆泥土散落在地上了。我提起刀站着，为这一成功而得意地四下环顾，为这一成功而悠然自得、心满意足。然后擦好刀，把它收起来。"

梁惠王说："好啊！我听了你说的话，学到了养生之道啊！"

【分析】

一、"庖丁解牛"在生活中的深层含义

庖丁解牛给梁惠王带来的不仅是一顿牛肉，更是受用一世的"养生之道"。他把解牛变成了一门艺术。

庖丁之"道"首先告诫我们，幸福生活来源于脚踏实地的努力。他用了三年才达到"未尝见全牛"的境界，十九年的经验也不改变他"怵然为戒"的谨慎。但反观我们，有不少人只是生活于梦想中，理想十分远大，却不见他真正为此奋斗多少、付出多少。也有不少人虽然付出了汗水与奋斗，却幻想着一步登天，依靠考试前两天的突击复习来考个好成绩。这些人或许侥幸能取得一两次的成功，但更多的时候，他们可能会落到连"族庖"都不如的境地。要想登上人生的高峰，"为之四顾，为之踌躇满志"，必须一步一个脚印地攀爬。

但光有努力，不讲求正确的方法，充其量也就是个"良庖"。庖丁则以"道"告诫我们，行事必须"依乎天理"。那"天理"又是什么呢？天理就是自然运行的规律。解牛不能用刀触骨，做人切忌以卵击石。在我们身边，努力学习而成绩不见提升的例子数不胜数。他们多半是因为没有依照教育的规律，瞎学一气，才会劳而无功。如能掌握规律，"以无厚入有间"，一定会使人游刃有余，事半功倍。

人生复杂，于是市面上有很多指导如何科学、艺术地生活的著作，但实际上读者看了以后，仍然还是觉得复杂，因为生活实在变化太多了。

牛的结构无疑也是很复杂的，可庖丁解牛，一刀下去，刀刀到位，轻松简单。原因是什么？是因为庖丁掌握了牛的机理。牛与牛当然各不相同，但不管是什么牛，它们的机理都是一致的；每个人的生活虽然各有各的面貌，但基本原理是近似的。庖丁因为熟悉了牛的机理，自然懂得何处下刀。生活也一样，如果能透彻领悟生活的道理，摸准其中的规律，就能和庖丁一样，做到目中有牛又无牛，就能化繁为简，真正获得轻松。

做事不仅要掌握规律，还要持着一种小心谨慎的态度，收敛锋芒，并且在利用规律的同时，更要去反复实践，向庖丁"所解数千牛矣"一样，不停地重复，才会悟出事物的真理所在。人类社会充满着错综复杂的矛盾，人处世间，只有像庖丁解牛那样避开矛盾，做到顺应自然，才能保身、全生、养亲、尽年。

在当今社会中，很多人急功近利，认不清自己工作中的规律，累垮了身体，但收效甚微。这些人正像是"乌鸦喝水"那则寓言中的那只乌鸦，想要喝杯子里的水，但当它把嘴伸进杯子里时却发现够不到。它费了半天的劲，最终的结果仍是徒劳无功。他们也好比是《庖丁解牛》中的"良庖"与"族庖"，未能看透事物的本质及道理，只知道蛮干，"岁更刀""月更刀"，技艺没有得到提升，自己还累得筋疲力尽，可谓是事倍功半。

相反，如果我们能掌握一些规律与方法，并付诸实践，就能事半功倍。还是那只乌鸦，它后来想到了一个主意：把一些小石块衔进杯子里，这样水面就会上升，自然就可以轻而易举喝到水了。比较一下乌鸦处理同一问题的不同方法，不难发现，前一次乌鸦费的力气要比后一次多很多，但没有成功；后一次它发现了这个问题的本质，很快就获得成功。这跟庖丁用刀的道理一样：遇到"节者有间"，则"以无厚入有间"，游刃有余；"每至于族"，则"怵然为戒，视为止，行为迟，动刀甚微"。解牛有时会遇到筋骨交错的地方，好比行事遇到障碍，便要巧妙地避过，且加倍小心谨慎，集中精神去应付，事情便可得到解决。庖丁用这种方法，"十九年而刀刃若新发于硎"。这就好比人生在世，面对种种困难，仍能保持完好的生命而不受损。庖丁之所以用刀美妙绝伦，是因为他掌握了解牛的规律及方法，故"得养生焉"。

庖丁爱护刀具，解完牛后必"善刀而藏之"。若非如此，只怕他的刀子几个月后就生锈了。"养生之道"也是如此，教导我们要学会休息，保养身体。可见，一张一弛，文武之道。只有学会休息，才能实现"养生"。我们在生活中也应学会"善刀而藏之"，即在处理问题时要顺应事物发展的规律，保护自己的身心健康。

我们要学会使用"养生之道"，在纷繁复杂的社会中保全自己的身心，游刃有余地养生。在学习过程中，我们需要理解各门学科的学习要领，不采取"题海战术"，掌握正确的学习方法，高效率地学习。在将来的工作岗位上，我们要学会挖掘工作中的技巧，不盲目硬做，而要注意自己的身体，用正确的理论指导自己的实践活动。在社会上，我们要顺应自然，遵从社会发展的普遍规律，发挥主观能动性时要以客观规律为前提。这样才能建设起一个和谐的社会环境。

庄子称赞庖丁解牛"合于桑林之舞，乃中经首之会"。诚然，人生中解决各种问题的过程也应当是一种艺术，应当有其自身的节奏与韵律。我们既要投入地生活，又要"善刀而藏之"，诗意地享受人生。

二、从"庖丁解牛"看学生的抵触情绪

有一名学生与其他班的学生发生了矛盾冲突，班主任把他叫到办公室，从谈话开始到结束，这名学生始终噘着嘴，瞪着眼，显得很不服气。可见，学生的抵触情绪使这位老师的批评教育归于失败。

由学生的抵触情绪可以想到庄子的《庖丁解牛》。在现实教育中，学生发生的问题就是"牛"，教师就是解"牛"的庖丁，学生的抵触情绪会使教师在这里"折刀"。《庖丁解牛》这则寓言故事为大家所熟悉，所讲的道理许多人也都明白。但是，我们做起事来却往往与其背道而驰，这是为什么呢？

回顾教育工作，会发现这样的情况并不少见，有的教师在解"牛"时常常折刀，甚至常常望"牛"兴叹。究其原因，就是因为他们不知"牛"。学生的抵触情绪来自对老师的不满，他们可能认为老师说得不完全对，认为老师没有调查清楚事情的来龙去脉，认为老师没有让他们充分地表达自己的意思。还有的学生可能认为老师让他们到办公室来说就等于他们犯了很大的错误，认为老师这种处理方式不妥当，等等。总之，他们心里有话没有说出来，有气没有释放出来，有理没有讲出来，必然对老师的批评教育不满，甚至不接受，完全对抗。这就是抵触情绪的心理根源所在。庖丁在解牛时之所以游刃有余，就是因为他对牛的骨骼构造了如指掌。庖丁解牛成功的基础在于知牛，而我们教育者面对教育活动中的"牛"恰恰缺少这个基础，不了解这些"牛"。这样的教育能不失败吗？

面对学生的问题，我们的教育场合不一定要在办公室。从方式上讲，教师要学会倾听，多让学生说，不一定只是教师苦口婆心地说教。教师更不要用老招式、老腔调去应付学生的问题。从

生活上说，教师要多接触学生，多深入到学生的活动中去，多与学生把心贴近；从感情上说，教师要和颜悦色，要平易近人，要让学生感到温暖；从了解的角度说，教师要利用各种条件，对学生多接触，细观察，常谈心，实现多侧面地了解学生；还要从发展的角度去看学生，切忌用老眼光、老观念与学生形成对应关系，以免被先入为主的习惯性认识蒙蔽了双眼。

把批评寓于表扬之中，深得曲径通幽之妙；把谈学生的闪光点与指出学生的缺点结合起来，颇有画龙点睛之效。如此这些，都是克服学生抵触情绪的好方法。

【建议】

世界上的事情纷繁复杂，若处理不当，无形中会给人带来烦恼。如何摆脱烦恼，潇洒地处理好一切事情呢？就得像《庖丁解牛》里的庖丁一样。牛是复杂的，但是只要掌握了牛的机理，就可以一刀下去，刀刀到位，轻松简单地解剖。世上的事情也是一样的，不管它们多么复杂，都是有规律可循的，充分认识和掌握事情的内在规律，处理起来就游刃有余了。

庖丁顺利解牛后"提刀而立，为之四顾，为之踌躇满志，善刀而藏之"，是一种悠然自得的人生境界，也是一种对于追求充满自信的境界，也是人生希冀的境界。如何能达到这种境界呢？就得像庖丁一样学会用"刀"。"刀"是生存的武器，用刀是生存的技能。会用刀，刀常新，就活得洒脱。如果不会用刀，砍坏了刀，就失去了生存的武器，就会陷入苦恼的泥潭不能自拔。那么如何掌握用刀的生存技能呢？就得研究"牛"的结构，摸准牛的结构的机理，牛的结构的机理也就是事物的内在规律。做到有牛又无牛，也就是有事也不妨，化繁为简，轻松自如地解决问题。

世界上的事情虽然千差万别，不尽相同，但是对于每个人每件事，都有规律可循。要善于掌握它们的规律，顺着它们的规律疏导，遇到难解的关节，设法绕道沟通。如果不按规律办事，不知道拐弯，拼着力气砍坏了解牛的刀，没有了武器，不但解不了牛，就连鸡也杀不了。这样做势必会陷入尴尬而没有回旋的余地。

"始臣之解牛之时，所见无非牛者。三年之后，未尝见全牛也。"这就是说，不管对任何人或任何事，要在全面掌握的基础上，首先找到门和路，也就是说要知道从哪进，从哪走，从哪拐弯。比如学习，比如处理人际关系，都是这样的。"臣以神遇而不以目视，官知止而神欲行。"这里说的是熟悉，熟悉到心领神会，而不是盯住不放。比如要化解人际关系的矛盾时，盯住对方不放不但让自己没有回旋的余地，而且会让别人引起反感。正确的方法是顺着对方的思路迂回引导，这就是"官知止而神欲行"。其实从感官的间隙沟通，比硬碰硬的沟通更有效。对于人来说就是心有灵犀一点通。

"依乎天理，批大郤，道大窾，因其固然。"这就是庖丁解牛的技术关键，沿着牛体内的空隙走刀。对于人来说，就叫绕开障碍走路，比跨越障碍省力而且顺畅。绕开障碍走路既是解决问题的捷径和极佳的方法。"技经肯綮之未尝，而况大軱乎？"解决问题不要在关节上硬碰，那样不但解决不了问题，还会在关键的地方打上难以解开的死结。

世间万物都有其固有的规律，在实践中做有心人，不断摸索，久而久之，熟能生巧，事情就会做得十分漂亮。庖丁刚开始解牛的时候，眼前出现的是一头头完整的牛，自己也不容易找到下刀之处，然而，经过了三年的努力，他眼中出现的再也不是一头完整的牛了。再后来，他观看牛时只是用心神领会，按牛的自然结构解剖，最后达到了出神入化的境界。我们解题亦是如此，开始学习新知识的时候，出现在眼前的题目，很多都不知道如何下手，经常感到很惶恐，而经过反复地练习，不断地巩固，就不难发现一些题目的固定思路和通常解法。理清自己的思路，再去一步步突破，通过已知条件慢慢推导，这样经过长时间的练习，再看题目就能做到心中有数，知道应该如何去解。因此，在题海中就不难做到游刃有余了。

当然，庖丁解牛的故事也教育我们必须要全身心地投入到学习当中，倾注自己的感情与智慧，这样才能达到一种忘我的境界，享受到学习的快乐。就如当年孔夫子听到韶乐之时，如痴如醉，竟"三月不知肉味"，便是一种全身心的投入。

虽然学习是很枯燥的，但只要我们用心去体会，去感受，把学习看成发现美、攫取美的过程，体验学习过程所包含的成功及快乐情趣，就能使学习丰富内在自我，不再是乏味、痛苦的。

第 三 章

品德篇

第一节　中焉可师

【故事】

　　一年秋天，明代文学家、一代名臣贾三近的父亲贾梦龙拖家带口与兄弟一起回到山东峄县，在贾家楼定居下来。这天，贾三近跟着父亲出了村子，走到通往县城的一座桥上。贾梦龙指着远处一个云烟缭绕的山头说："看到了吗？县城北的这座山叫仙坛山，山寺中有一位很有名望的教书先生，叫王用贤。王先生本是宿州人，其先人为了躲避战乱，于明初迁到峄县，到了这里后开馆授徒，多年以来传经授道，受到百姓的尊敬。在峄县，长辈人都说王先生教学有方，德才并重，没有谁能比得上，为父决定送你到他那里去读书。"

　　几天之后，贾三近便被父亲贾梦龙送到了王用贤的门下。贾三近勤奋好学，在王先生的教授下，学业大进，父亲贾梦龙非常高兴。在家里，贾梦龙常在一旁看儿子读书，看到他把所学内容倒背如流，出口成章，高兴地说道："我儿聪慧，要悉心听从王先生的教诲，将来定可成材。"

　　"父亲教诲的是，王先生不仅博学多才，人品也是数一数二的。"贾三近答道。

　　贾梦龙说："哦，说来听听。"

　　贾三近说："孩儿听说有一个书生赴省城考试，路过王先生处，将装有黄金的包裹遗忘在那里。先生发现后，将那包裹好生保管，后来等那书生来寻，他原封不动地将包裹还给了人家。先生教书之余，还开辟了一片荒地，种植五谷。先生还是个十分节俭的人，一件衣服穿了十多年都不曾丢掉。"

贾梦龙说："看来你是十分尊敬这位老师了。"

贾三近说："是的，先生非常谦逊，他常说自己没有过人之处，喜欢住在乡里，不敢欺人，不为狂人。"

贾梦龙手捻胡须，面露笑容："你能这么认识你的老师，为父非常欣慰。"

贾三近在父亲的指点和王先生的言传身教下，品德端正，学业也突飞猛进。峄县学宫看到贾三近聪慧过人，才学出众，便将他召入学宫读书。

峄县学宫为县学，设在县城东面，中为文庙，北树明伦堂，外为桥门，内建廊署。

当时，贾三近的父亲贾梦龙和叔父贾梦鲤都在这个学宫读书，十来岁的贾三近和父辈同堂学习，引得众人议论纷纷。有的说："原来这就是贾梦龙先生的公子啊！"有的说："这么小的年纪居然进了学宫，父子同堂学习，真是了不得啊！"

贾三近过目不忘，耳听在心，课后又向众人滔滔不绝地讲解。每到此时，都会引得众学子驻足倾听。他在学宫中勤奋好学，四书五经、诸子百家、诗词歌赋、官稗杂说一一攻读。王先生有意找这个少年提问，贾三近每次都能对答如流。父亲贾梦龙也经常和儿子就学问进行切磋，教诲儿子。

在学宫里，贾三近反应机敏，又谦恭好问，刻苦学习。在二十四岁的时候，他一举夺得山东乡试省魁。隆庆二年（公元1568年），又以博学宏词一举成名，高中进士，名次为山东省第一，被封为翰林院庶吉士。

【分析】

现在的有些学校，学生可以自由选择自己满意的教师，那些被选择的教师大都是学生和家长非常信赖的老师。

"妈妈，我喜欢那个长头发的老师！"在一所小学的会议室里，一个小女孩指着讲台上的一位老师说。

新学期开学时，这所小学举行了"一年级新生择师会"。一百多名一年级新生和他们的家长齐聚一堂，自主选择到哪个班就读。

老师们依次向家长和孩子讲述自己的教课经历以及带班理念，希望有更多的家长和孩子选择自己——

"我已经有 12 年的班主任经历。在我的班级里，孩子们可以在和谐、团结、亲切的氛围中快乐成长。"

"自信对孩子非常重要，经常表扬孩子对他们的成长大有帮助。"

…………

演讲结束后，为使家长和孩子们对自己印象深刻，老师们还当场进行了才艺展示，或唱歌，或弹琴，或朗诵，或绘画……

老师们自我介绍结束后，家长们的问题连珠炮似的抛向讲台：

"面对所谓的差生，你们会怎么做？"

"我的孩子课堂发言不积极，你们对他会不会有偏见？"

"你们是不是从一年级带到六年级？"

小朋友们在投票选择老师时，会直接选择自己喜欢的。但多数家长更愿意选择经验丰富的老师。一位老师说："采取这种择师分班的形式，使我们感到了压力，同时对我们也是一种考验和促进。"

该小学校长表示，采取"自主择师"这种形式，主要目的是对新生分班进行"阳光"操作，同时加强家长和孩子对任课教师的了解，并通过良性竞争提高教师的整体素质。当然，对于人数相对较多的班级，学校也会做出一些调整，以尽量满足家长和孩子的意愿。

【建议】

柳宗元认为，忠信之人可以作为老师，知耻之人可以结为朋友，选择老师不应以社会地位的尊卑贵贱为先决条件，而要看他是否真正掌握了大道。

假如信奉的道相同，那么佣人与乞丐也能够结为朋友；假如信奉的道不同，那么亲人也可能反目成仇。我们要牢牢地记住这两条从师交友的标准，时时警惕和反思。认真思考古人的事迹，仔细观察社会情势的变化，选择真正的良师。

第二节　良师益友

【故事】

王庭珪，字民瞻，吉州安福县人，是政和八年（公元 1118 年）进士，曾任茶陵县丞。后来因为与上级不合，就弃官而去，在家乡附近隐居，著书吟诗，设帐讲学，是一个大学问家。

王庭珪是一位刚直不阿，爱国忧民，很有胆识和骨气的诗人。在南宋朝廷主战派与主和派的激烈斗争中，他一直坚定地支持抗金，反对议和。绍兴十二年（公元 1142 年），王庭珪写下了非常有名的《送胡邦衡之新州贬所二首》，不但热烈赞扬了胡铨上疏"乞斩桧罢和议"的爱国壮举，而且强烈鞭挞了秦桧的卖国罪行。王庭珪的爱国精神、刚正气概和大无畏的人格，给青年时期的杨万里以极大的震撼和感染，心里留下了永难磨灭的印象。

王庭珪正是著名诗人杨万里的老师。自从拜王庭珪为师后，杨万里和王庭珪之间的师生情谊就越来越密切。杨万里考中进士、初入仕途之时，王庭珪还远在湖南辰州。而王庭珪回到安福之后，杨万里却一直在赣州任职。因而，两人再次见面，已经是几年以后的事情了。绍兴二十九年（公元 1159 年）十月，杨万里赴任永州零陵丞。这一年，他曾两度至安福拜谒王庭珪。第一次应是专程前往拜谒，两人分别多年，今"一日相见"，王庭珪喜杨万里学有所成，故贺其"词学骤长，语有惊人"。第二次则是杨万里赴任途中取道安福，但这次师徒未能谋面，故杨万里留下"手墨"表示心意。师生情谊，于此可见一斑。

隆兴元年（公元 1567 年），杨万里调任至临安，而此时王庭珪已在临安任国子监主簿。因同在临安，两人的交往又密切起来。杨万里到达临安后，早早便去谒见了王庭珪。在临安任职的这段时间，两人经常吟诗唱和，互相切磋，交流感想。

从师徒二人的交往中可以看出，王庭珪既是杨万里的老师，更是杨万里的益友。

【分析】

在教育领域，教师是人类文化的职业传播者，也是学生成长的指路人。可以说，教师是学生成长与进步的良师益友。

小宋是个 17 岁的男生，家里条件很好，也很受父母的宠爱。他长得高大帅气，很爱面子，非常在乎别人对自己的看法。他上课经常走神，成绩很差，但心地善良，懂得体谅别人。他做事不够大胆，害怕在别人面前出丑，是一个比较害羞的人。

经过跟小宋及其父母沟通，老师得知小宋有一个和睦的家庭，他在家里得到了所有家庭成员的疼爱，是一个非常幸福的孩子。但小宋在学校总觉得得不到同学的爱护，没有被关心的感觉，感情上有很明显的落差。再有，小宋的成绩很差，自认为老师不会理会他这样的学生，得不到老师的重视和关爱。还有，之前他曾多次违纪，觉得在老师和同学面前抬不起头。老师经过分析，明白造成小宋表现很差的原因主要是他情感上得不到同学和老师的呵护，其次是他看不到自己的长处和优势，出现过低的自我评价，从而消沉沮丧。

针对小宋的具体情况，老师决定以朋友身份走近他，彼此之间建立一种亦师亦友的和谐关系。首先，老师从关心、理解、体谅和帮助小宋入手，得到了他的信赖，有了一个很好的开端；然后，老师与小宋经常进行朋友式的沟通，"投其所好"，建立了彼此之间的共同话题，同时发动同学们关心、帮助小宋；最后，老师对小宋进行合理引导，将他的注意力转移到学习上来，并鼓励他积极发言，大胆提问，消除内心的恐惧。经过一年多的努力，老师成功与小宋建立了亦师亦友的关系，小宋可以开心地接受老师的建议，也懂得关心老师，师生之间无话不谈。上课时，小宋走神发呆的情况几乎没有了，取而代之的是他积极地回答问题。班会课的游戏他也大胆地参加，身边多了很多朋友。每一次考试他都不断进步，感到非常开心和激动。

想让学生尊重自己，教师就要先尊重学生，建立一种平等和谐的师生关系是至关重要的。也许有人会说对学生太好了不值得，但教师不需要考虑值得与不值得的问题，因为学生早已成为教师割舍不掉的一部分。

【建议】

在学习的起始阶段，师友间的启发是十分必要且有益的。师友可帮助一个人发现和消除其浮伪虚假，使其反省觉悟以掌握真正的道理。陆九渊说："亲师友，去己之不美也。人资质有美恶，得师友琢磨，知己之不美而改之。"在这里，他把师友的规劝和督诫看作是学习闻道的镜子。

陆九渊特别强调，在学习中明师的指导是必不可少的。他说："学者须先立志，志既立，却要遇明师。"立志固然是必要的，但巩固其学习的效果，达到学习目标，明师的指导必不可少。

师友相辅，正如V.A.苏霍姆林基所言："教师不仅要成为一个教导者，而且要成为学生的朋友，和他们一起去克服困难，一起去感受欢乐和忧愁。"从这里可以看出，爱护学生、理解学生是教师的天职。师爱对学生来说是一种渴求，更是一种向往。爱学生，既是教师职业道德的核心，也是对教师的基本要求。爱学生愈深，教育学生的效果也就愈好。因此，教师要用爱心去关注每一位学生，用爱心去化解他们心中的困惑，用爱心去解决他们遇到的困难，真正成为他们的良师益友。

第三节 学高为师，身正为范

【故事】

连舜宾，字辅之，宋朝应山（今湖北广水市）人，北宋著名隐士。他不求仕进，奉养父亲，教育儿子，周济乡邻，受到世人敬仰。宋庠、宋祁及欧阳修游学到应山，都与他交往甚密。连舜宾去世后欧阳修作《连处士墓表》，盛赞其贤。其子连庶、连庠也都进士及第，做了官，因为官清廉，人们称兄为"连底清"，弟为"连底冻"，号称"应山二连"，与"二宋"齐名乡内，后世谓之"盛德二连"，与"人才二宋"并称"应山四贤"。

连舜宾的祖父连光裕曾任应山县令，后为磁、郢二州推官，死后埋葬于本县。连舜宾少年时曾参加过"毛诗"科举考试，但没有考中。后来父亲连政患重病在家，重孝道的连舜宾悉心侍奉父亲十余年，因此，他一生没有追求登第为官。

连舜宾不重名利，轻视钱财。父亲死后，他把家里的大笔财产拿出来周济乡邻，兴办教育。他对别人说："我这好学上进的两个儿子，就是我最宝贵的财产。"他十分同情贫苦百姓，很多老人都靠他供养。有一年当地发生灾情，粮食颗粒无收，粮价大涨，饥饿威胁着贫困百姓的生命安全。连舜宾打开自家粮仓，以平价出售粮食，一下子出谷万斛，粮价也恢复到原来的水平，连邻县的农民都争相到应山买谷。

连舜宾在县城南门法兴寺兴办了一所学校，招贤纳才，宣德育人，孜孜不倦，引导了应山人读书重教的良好风气，培养了不少栋梁之材。在法兴寺旁有一座著名建筑——四贤祠，此祠就是为纪念"二宋""二连"四位贤人而建，而这四位贤人都是连舜宾的学生。

【分析】

在现代社会，教师经常被人们誉为铺路石。教师不仅是知识的传播者，也是品德行为的指导者；不仅是知识的导师，更是做人的榜样。这些不仅是教师对社会应负的责任和义务，也是党和人民对教师的基本要求。因此，教师要很好地完成教书育人的目标，必须从自身做起，这是由教师职业的性质和特点决定的。正如孔子所言："其身正，不令而行；其身不正，虽令不从。"

一、注重理论研究，做到学高为师

教师要积极进行相关理论的学习和研究，认真学习教育学和心理学知识，要做到懂学生，了解学生的学习特点和记忆规律，从而有针对性地进行教学。没有学过心理学的人很难知道皮格玛利翁，也就很难了解期望效应，就不可能在教学中有效运用期望效应。如果对学生一味地责骂和批评，注定无法达到我们预期的效果。

扎实的专业知识是建构教师宏基伟业的牢固地基，地基夯得越实，教师向上发展的空间才会越大。我们要努力钻研专业知识，做到对所教科目知识融会贯通，这对我们教师来说尤为重要。因为教师把教材弄懂、吃透，才能在课堂上完整地讲解给学生，才能随时对学生提出的各种疑问从容不迫地进行解答。

在认真研读教材、制定教法的前提下，我们还要将书本知识尽可能多地与实际相结合，将枯燥无味的文字、数字材料变成易学、易懂的精神食粮，让学生从"要我学"变为"我要学"，从而达到事半功倍的效果，提高教学质量。

二、注重自身言行举止，做到身正为范

作为学生成长阶段的领路人，教师的言行举止会或多或少地影响学生的心理成长和好恶取向，因此教师一定要注重自身的日常举止。如果教师自觉遵守学校的规章制度，处处以身作则，学生也会主动效仿，做一个自觉遵守学校纪律的好学生。

为人师者，要有热爱学生、诲人不倦的崇高品质。众所周知，爱是一个永恒的话题，教师对学生的爱是一种把全部心灵和才智献给孩子的真诚。这种爱是无私的，它毫无保留地献给所有学生；这种爱是深沉的，它蕴涵在为所有学生所做的每一件事当中；这种爱是神圣的，它能凝成水乳交融的真挚情谊。

有一个学生，最初分到某班的时候，学习成绩远远落后于其他同学，而且对学习提不起任何兴趣。经了解，这是一个出生在不幸家庭的孩子。他的父亲在一次施工中遭遇意外，双目失明，

母亲患有心脏病，家里的经济条件很差。不幸的家庭遭遇使这个学生幼小的心灵受到了巨大的创伤，他的自卑心理在周围淡漠的环境中日益严重。详细地了解之后，老师明白了他最需要的是什么，一种强烈的责任感让他下定决心：心灵的创伤要用"心药"医治。

平日里，老师经常利用课余时间跟他谈心，鼓励他"人穷志不能短"；天冷了，老师提醒他及时添衣；吃得差了，老师就带他去改善伙食……一个寒冷的冬天，他的手上很早就长满了冻疮，老师看在眼里，急在心上，于是就想把自己戴了很多年的一副手套送给他。当老师把手套拿给他并为这副手套有点旧而有些不好意思时，这个学生却紧紧地把手套贴在胸前，向老师鞠了一躬，眼泪汪汪地说："老师，谢谢您！我会努力的！"听着他动情的话语，老师的心也被震撼了。他深切地感受到：只要以一颗真诚的爱心对待自己的学生，一定会收到意想不到的教育效果。

付出爱的过程是甜蜜的，付出爱的道路是艰辛的。一位教师曾为学生不学习而大动肝火，曾为半夜找不到学生而心急如焚，曾为做学生的思想工作而绞尽脑汁，曾为个别家长的不理解而心酸流泪。他犹豫过，消沉过，有时候问自己，是不是太累了？但是当看到学生们体会到自己的良苦用心而奋起直追，取得进步时；当生病时看到学生关切的目光，听到他们亲切的问候时；当教师节来临，一张张贺卡送到自己面前时，一种感动和自豪就会油然而生。原来付出就有收获，爱的付出就有爱的回报。于是他又燃起了工作的热情，又对教育事业充满了执着。

【建议】

"学高为师，身正为范"是自古以来人们对教师职业的理想定位，是千百年来人们对教师的才德要求。教师身处教育的第一战线，接触到的是一个个天真活泼、纯洁可爱的面孔。常言道："老师是孩子的第二父母。"每一个孩子通过学校教育，通过教师的教导获得精神食粮，逐步建立起自己的人格体系。在这一过程中，教师所起的作用是没有人可以替代的。因此，教师的素质直接关系到未来每个劳动者素质的高低，教师的教育理念、教育方法潜移默化地影响着每一个幼小的灵魂。

教师肩负着培育新人的重任。要育好新人，教师必须树立自身良好的形象，真正做到学高为师，身正为范。众所周知，当今社会需求的是高素质人才，教育理念在不断发展，教育手段在不断更新。这就需要广大教育工作者顺应时代潮流来学习新的教育理念，提升全面育人的能力。传统的、单一的教育理念已被时代淘汰。现在教育界提倡的不但是要教书育人，还要管理育人、服务育人、环境育人。这使得教师不但要在平常的教学工作中进行文化知识、思想品德教育，还要深入学生当中，了解他们的衣食住行，帮助他们解决遇到的困难，关注他们的成长过程，对他们进行耐心劝导和鼓励，由此建立起"一切为学生"的奉献和服务的思想意识。教师还要建立一种使学生的学习生活具有规律，每个学生都能积极进取、不断向上的管理模式，营造一种互帮互学、共同进步的良好的学习氛围。

这一切都需要每一位教师的精心思考、深入实践和不断总结，更重要的是树立起师表形象。要求学生做到的，教师应该首先做到，让学生心服口服，学生可以直接从老师身上学到好作风、好品德，这样，才能达到育人的最终目的。

第四节　师者，人之楷模

【故事】

　　明代名臣史可法，年轻时进京赶考，住在一座寺庙里。当时有一位贤臣叫左光斗，刚好是主考官，正在这一带的寺庙里微服私访。这天，左公来到一座寺庙里，看到一个年轻的考生趴在书案上睡着了，案上放着刚刚写好的一篇文稿。左公拿起一读，非常欣赏这个年轻人的远大理想和刻苦精神，再看这个书生衣衫单薄，熟寐不醒，知道他是苦读劳累所致。左公怕他受到风寒，便把自己的貂裘脱下来，盖在他身上。左公出来问寺庙的僧人，方知书生名叫史可法，因此对他留下了深刻的印象。后来考试的时候，左公看到一篇文章，感受到字里行间散发出的气节和志向，立刻就断定出自史可法之笔，于是亲批史可法为第一名。史可法考中进士后，按照礼节，到左公家拜见老师和师母。左公见他家贫，就收他为弟子，留于馆署之中。

　　此后，史可法饱受恩师濡染，愈加发奋苦学，立志以身报君许国。左公在公务之暇，常与史可法交谈时事，谈论古今，知道他将来必成大器，就对妻子说："他日继吾志事，惟此生耳。"就是说，以后继承他事业的不是他的孩子，而是他这个学生。后来左光斗、史可法同朝为官，左公遭到宦官陷害，关进监狱之后惨遭酷刑，眼睛被烧红的铁片烫后粘连在一起，小腿能看到里面的骨头。史可法知道老师在狱中的境况，十分焦急，想尽各种办法，终于感动了监狱里的士兵，让史可法装扮成捡垃圾的混进监狱去看望老师。史可法进到监狱后，缓缓接近老师的牢门，当走到老师面前时，禁不住抱着老师的腿放声大哭。左公听到声音，知道是自己的学生史可法，就用手把自己的眼皮拉开，目光如炬地看着史可法说："你是什么身份？你是国家栋梁，国家正是危难之际，你怎么可以把自己的生命陷在这么危险的境地！与其让那些奸臣把你害死，不如我现在就活活把你打死！"左公捡起地上的石头就往史可法身上扔。史可法看到老师这么生气，就马上离开了监狱。后来，左公在狱中被宦官杀害。

史可法担任过很多职务，还曾在边境带兵防守。每天晚上，士兵分三批轮流背靠背守夜，但他坚持整个夜晚都不休息。士兵建议他休息一会儿，结果他回答士兵说："假如我去睡觉，国家因此而陷入危难中，我上怕对不起国家，下怕对不起恩师。"史可法念念不忘老师的恩德和教诲，不敢有丝毫的松懈。

【分析】

人们常说教师是太阳底下最神圣的职业，教师是人类灵魂的工程师，那种爱岗敬业、无私奉献、为人师表的崇高精神深受社会的尊敬和爱戴。如今，社会不断发展，很多教师在实际教育中未能体现出"师者，人之模范"的行为，但我们不能否定"人之模范"的教师的存在。

一天，某校出于工作安排上的需要，要调换某个班级的教室，该班班主任接到通知后，就向学生公布本次劳动任务和有关安全事项，然后就把几名男生派到三楼，协助教师把柜子搬到一楼的体育室。

正当师生们争先恐后地搬运时，突然间一个名叫万林的男生发出了一声尖叫，他的右手大拇指流了很多血。一位教师急忙赶到，用自己的手把万林的大拇指摁住，又领着他去找保健医生。可是由于血管的破裂，万林的大拇指鲜血止不住地流，学校保健医生处理不了，便让这位教师找班主任一起处理。可这位教师想到孩子要紧，顾不得找班主任，急忙领着万林打车去了医院，在去往医院的路上，这位老师反复问这个受伤的学生是否参加了保险。学生说："老师，我没保险。"而后，这位老师赶忙拿手机给班主任打电话，问该班的方林同学是否参加了保险，班主任说他已入保险，这位老师便心想："到医院后把万林的名字写成方林，这样学校就不用花多少钱了。"想着想着，就到了医院。在挂号处，这位老师写下"方林"时，背后传来了"老师，您记错了，我不是方林，我是万林"的声音。

万林的话，让这位老师突然感悟到了什么，那一声"老师"使他想到自己怎么能做违背师表的事？教师的一言一行应起到榜样作用，如果让学生知道他的用意，岂不是对学生无形中的反面教育吗？于是，这位教师马上回答说："我记错了你的名字，老师重新填写。"此时，他真正体会到"师者，人之模范，生之模范"的内涵。

这位老师重新填完单子后，便领万林到外科看手上的伤，在那儿整整待了两个小时，缝了三针。由于时间过长，等医生缝完时，鲜血在万林手里凝成了很大的几块。老师给他细心地洗了洗。其实，这是这位老师长这么大头一次看到如此多的鲜血，以往在学校或家里，自己手上有一点伤或看别人流一点血他都怕得要命，可此时他感到自己像是变成了另外一个人。可能是他对学生的细心照料和安慰的话语触动了医生，医生问："他是你的孩子吗？"老师回答："不，这是我的学生。"医生很震惊地说："很多年轻人看到这么多血都不敢靠近，老师您真勇敢，真是可敬可佩。"

医生的话语使这位教师再次感到"师者，人之模范"的深刻内涵。他在医院里领着学生打完针，又开了消炎药，医生嘱咐隔两天换一次药。回校后，这位老师把事情原原本本地向校领导作了汇报，校领导表扬了他的做法。由于学生父母在外地，班主任又比较忙，这位教师主动承担了领学生去换药的任务。学校离医院比较远，来回需要两个小时，每次下午他领万林换好药后回校时，学校早已空无一人。整整两个星期，这位教师都拿着教科书回家备课，一直到万林拆线为止。在这位教师的精心照料下，万林的伤口很快就愈合了。

这位教师的行为深深感动了万林。在一次作文写作中，万林写到这位教师："老师，您是我最敬佩的人。"当班主任拿着学生发自肺腑的文章和长篇日记给这位教师看的时候，他为自己的行为感到无比自豪，心中不禁产生了一股积极向上的力量，并对"师者——人之模范"的真正价值深信不疑。

【建议】

西汉末年的著名思想家、教育家扬雄说："师者，人之模范。"这就是说，教师的人格、品行等各方面都应成为教育对象和社会上一切人的表率。教师应模范地求知，模范地办事，模范地做人。

教师是人类灵魂的工程师，是知识的化身，是智慧的灵泉，是道德的典范，是人格的楷模，是先进思想文化的传播者，是莘莘学子人生可靠的引路人。正因为教师肩负着教书育人、传承文明的神圣职责，所以社会、国家对教师寄予了不同于一般行业从业人员的期望，也对其提出了近乎完美的职业操守要求。

教师是一种以人育人的职业，教师的道德情操是培养学生健全人格的保证。作为一名教育工作者，我们要凭借自己人格的美丽、言行的高尚去教育学生，做好学生的典范，使任何学生都能跟上前进的步伐。我们要在三尺讲坛上尽洒汗水，为教育事业做出自己的贡献。

教师以自己高尚的言行育人是最简单、最明了、最有效的教育方法，这也正是教师这一职业不同于其他任何职业的特殊性所在。"言传身教、循循善诱"是我们常常挂在嘴边的话，也是我们每一位教师忠诚于教育事业的具体表现。只有师德高尚、言传身教、以生为友的教师，才是学生心目中理想的教师、可信赖的教师，成为学生崇拜的偶像。教师的一言一行常常会成为学生模仿的典范，对于学生的兴趣爱好、理想追求、道路方向、人生选择都会产生深远的影响。在历史中，我们也不难看到这样的事例，如蔡芸芝之于魏巍，藤野先生之于鲁迅，等等。

因此，作为一名教师，以自己良好的言行举止去影响学生是至关重要的。俗话说"言传身教"，只有既能言传，又能身教的教师，才是学生心目中理想的教师。

第五节　孟母三迁

【故事】

孟子很小的时候，父亲就去世了，母亲一直没有改嫁。一开始，孟子和母亲住在墓地附近。孟子就和邻居的小孩一起学着大人磕头、号哭的样子，玩起了与丧事有关的游戏。孟子的母亲看到了，就皱起眉头："不行！我不能让我的孩子继续住在这里了！"于是她就带着孟子搬到市集边上，住在靠近杀猪宰羊的地方。到了新家，孟子很快又和附近的小孩玩起商人做生意和屠夫屠宰猪羊的游戏。孟子的母亲知道了，摇了摇头："这个地方也不适合我的孩子居住！"于是，他们又搬家了。这一次，他们搬到了学校附近。每月的初一，政府官员会来到这里，行礼跪拜，人们互相之间礼貌相待，孟子见了都一一学习记住。这时，孟子的母亲很满意地点着头说：“这才是我儿子应该住的地方啊！”

后来，大家就用“孟母三迁”来表示人应该接近好的人、事、物，这样才能学到好的习惯；也说明环境能改变一个人的爱好和习惯。

【分析】

一、“孟母三迁”的启示

孟母注重教育子女而且善于教育子女，孟子在孟母的教育之下，成长为与孔子齐名的大学者、大圣人。后来儒家称孔子为“至圣”，称孟子为“亚圣”，二人并称为“孔孟”。由此可见，孟母是中国古代的一位大教育家。

“孟母三迁”的故事，人们都耳熟能详，但是许多人对于环境可以造就人才，也可埋没人才这深层哲理并没有孟母领悟得那样透彻。

我们今天要从“孟母三迁”中得到借鉴，发展教育，培养人才，优化校园环境是一个重要的环节，决不可等闲视之。校园环境包括哪些内容？一般说来分硬件和软件两大方面。硬件指的是学校的基本建设，软件指的是在党的教育方针指引下，学校全体师生共同营造的那种宁静、和谐、融洽的有利于青少年健康成长的环境和氛围。硬件不可或缺，软件尤为重要。

在校园软件建设方面，主要是意识形态方面的努力。建设和谐校园是全社会的事，尤其广大师生更是责无旁贷。中华民族的传统美德要传承，党的号召要积极响应，要一切按教育方针办事，大力宣传正面典型，时时处处讲究道德规范，杜绝一切不利于团结进步的言行滋生蔓延。要做到：校长是灵魂，运筹全局；教师是关键，注重自己的师德修养，爱生如子且一视同仁；学生是主体，爱学校、爱班集体，按学生守则做事、做人。

校园的硬件和软件应该辩正统一地看，校园的美丽风景，会给师生的心情、生活环境、教学工作等创造优厚的条件。但是按照"外因是条件，内因是根据，外因要通过内因起作用"来说，人才的培养主要看教育者的努力和人才自身的发奋程度。认识了这一点之后，学校全体成员要记住自己的责任，从我做起，从现在做起，为建设和谐美丽的校园而共同努力奋斗！

二、对"孟母三迁"的另一种思考

自古以来，人们都对"孟母三迁"赞誉有加。大家都认为，孟母是一个绝对的好母亲，教子有方，能够为孩子考虑。其实，孟母的良苦用心，就是希望能够为孟子营造一个良好的环境，让他走上正道，不至于误入歧途。然而，对于孟母的做法，我们可以有另一种思考。

我们做一个假设：假如当初孟母没有再迁，而是把家安在墓地旁，或者集市上，孟子学会了一些他不该学会的东西。那么，当面对这种情况时，孟母一定不会看着孟子这样无所事事下去，她可以对孟子进行耐心地教导，引导他走回正途。孟子非不可教也，这样的教导，一定会让他有所顿悟。

仔细想想，相对于优越的环境，稍显恶劣的环境有时更能磨砺我们。处于优越的环境中，我们就好像温室的花朵，备受呵护；而处于并不优越的环境中，我们需要更努力，需要克服更多的东西，战胜更多困难，经历更多考验。这样，往往更能磨炼我们的意志，让我们更好地成长。倘若经过了磨砺，我们会变得更优秀。经受过暴风雨的摧残，最终坚强地活下来的花朵，总是比温室里娇弱的花朵更具旺盛的生命力。同时，在这些艰难的过程中，成长也更有了一种与众不同的意义。

所以，倘若当初孟子经历了环境的考验，或许他会变得更优秀，会更加迅速地成长，更加具有坚韧不拔的意志力。

当然，我们并不是批判孟母的做法，只是觉得，很多事情往往是有两面性的，当我们看到它的一面时，不妨反过来，再看看它的另一面。

【建议】

为孩子营造一个和谐、向上的学习、生活、心理环境，无论对于一个家庭，还是一个班级、一所学校，都是非常重要的。现代社会，心理环境的创设对孩子的成长影响更为重要。宽容大度、幽默潇洒、善解人意等品质的培养需要榜样，需要氛围，更需要一个良好的心理环境。

第六节　曾子杀猪

【故事】

曾子的妻子准备到集市上去，她的儿子哭着要跟着她一起去。曾妻哄他说："你回去，等会儿娘回来给你杀猪吃。"孩子信以为真，一边欢天喜地地跑回家，一边喊着："有肉吃了！有肉吃了！"

孩子一整天都待在家里等着母亲回来，连要好的小伙伴来找他玩他都拒绝了。他痴痴地想象着猪肉的味道，心里别提有多高兴了。

傍晚，孩子远远地看见母亲回来了，飞快地跑去迎接，大声喊着："娘，娘，快杀猪！我都快要馋死了！"

没想到母亲却说："一头猪顶咱家两三个月的口粮呢，怎么能随随便便就杀掉呢？"

孩子哇的一声就哭了。

曾子闻声而来，知道了事情的来龙去脉后，二话没说，转身就回到屋子里，拿着菜刀出来了。这可把曾子的妻子吓坏了，因为曾子一向对孩子非常严厉，她以为他要教训孩子，就赶紧把孩子搂在怀里。哪知曾子却径直奔向猪圈。

妻子不解地问："你拿着菜刀跑到猪圈做什么？"

曾子不假思索地回答："杀猪。"

妻子听了，扑哧一声笑了："不过年不过节的你杀什么猪呢？"

曾子严肃地说："你不是答应过孩子要杀猪给他吃吗？既然答应了就应该做到。"

妻子说："我只不过是哄哄小孩子，和小孩子说话何必当真呢？"

曾子说："对孩子就更应该说到做到了，不然，不就是让孩子学着家长撒谎吗？大人都说话不算话，以后还有什么资格教育孩子呢？"

妻子听后惭愧地低下了头，于是夫妻俩一起杀了猪给孩子吃，并且宴请了乡亲们，告诉乡亲们教育孩子要以身作则。

虽然曾子的做法遭到一些人的嘲笑，但是他却教育出了诚实守信的孩子。曾子杀猪的故事一直流传至今，他的诚信精神也一直为后人所敬重。

【分析】

我们现在有些父母常为了哄孩子听话而欺骗甚至恐吓他们。比如"宝宝乖，如果你听话我就给你买糖吃。""如果不听话就把你送给贩小孩子的，妈妈不要你了。"然而，这种方式会导致孩子不再相信父母的话，使父母失去威信，让教育实施起来更困难。

最为重要的是，孩子会从父母那里学会不诚实，会因各种原因而撒谎。要改变这种情况，家长要做到以下四点：

第一，千万不要认为你的孩子年幼无知，很好哄骗。许多家长教育孩子也许还遵循着"泥鳅听捧，娃娃听哄"的古训，于是经常哄骗孩子。也许开始还很有效，时间长了就毫无作用了。父母们这样做既让孩子们认识到了他们的谎言，开始学着向别人撒谎，又使孩子们对他们失去了信任，从而不再相信父母说的话。

第二，家长要以身作则，言行和思想都要为孩子起到表率的作用。"家长是孩子的第一任老师"，家长的言行对孩子起着十分重要的作用。家长对孩子撒谎，孩子也会不知不觉中对父母撒谎。这在家长和学校缺少联系的家庭体现得更为突出。有些孩子在家骗父母，在校骗老师。

第三，对待孩子不要轻易许诺，尤其不要时时以丰厚的物质奖励相许，这样会使孩子们逐渐形成一种唯利是图的思想。

第四，答应孩子的事一定要努力做到，做不到的事就不要答应。当许下的诺言因种种原因无法实现时，一定要耐心地给孩子解释，讲清道理，让他们能够接受。总之，我们在教育孩子的过程中，许诺前一定要慎重考虑，别以为他们幼小无知而时时欺骗他们。

诚信是世界公认的品德标准，也是我国传统道德的重要组成部分。一个人如果不诚实，要小聪明，表面上看或许能由此暂时得到些许好处，却让别人认识到这个人不讲信义，必然产生长远的不利影响，所以目光远大的人往往不屑为之。诚信是人立身处世的根本，我们给孩子树立好的榜样就是教他们如何为人处世，就是给孩子铺平人生之路。

【建议】

曾子用自己的行动教育孩子要言而有信，诚实待人，这种教育方法是值得效仿的。曾子的这种行为说明，成人的言行对孩子影响很大。我们待人要真诚，不能欺骗别人，否则会将自己的孩子也教育成一个待人不真诚的人。言必信，行必果，诚信乃做人之本，诚信乃民族强盛之本。在有着"诚信危机"的今天，我们更要注重诚信从娃娃抓起。

第七节　程门立雪

【故事】

相传，一个寒冷的冬日，杨时、游酢来拜见程颐，刚好遇上程颐老先生正在闭目养神。杨、游二人怕打扰先生休息，便恭恭敬敬地侍立在外边，一句话也不说，肃然等待老先生睡醒。那天非常寒冷，外面不知道什么时候下起了雪。这样等了好半天，程颐才醒来，看见杨、游二人站在外边，身上落满了雪，惊讶地说道："你们一直在这里啊？"等到杨、游二人离开的时候，门外积雪已经有一尺多深了。

这就是"程门立雪"的故事，这个故事在宋代读书人中流传很广。后来形容尊敬老师，诚恳求教，人们就往往引用这个典故。

【分析】

尊敬师长是我们每个人都应该且必须做到的。老师给我们传授知识，教给我们做人的道理，是他们引领我们在人生的道路上一步步前进，伴随我们一天天成长。在那个大雪纷飞的冬日，杨时拜访老师时的行为，非常值得我们学习。

"孝"是儒家文化中最重要和最基本的内容，是天地大道的直接体现。《孝经》说，"夫孝，德之本也，教之所由生也"，"人之行，莫大于孝"，"夫孝，始于事亲，中于事君，终于立身"。"教"字就是由"孝"和"文"组成的，说明一切教育都要从孝开始。德国著名哲学家黑格尔在研究中国文化时曾这样分析："中国纯粹建筑在这样一种道德的结合上，国家的特性便是客观的'家庭孝教'。中国人把自己看作是属于他们的家庭的，而同时又是国家的儿女。"马克思·韦伯也曾把中国儒家伦理与西方基督教做过比较分析，他说："中国人所有人际关系都以'孝'为原则。"实际上，在中国几千年的历史中，"孝"不仅是中国基本文化和传统文化的核心，也是现行文化的灵魂。现代社会文明需要孝道，一个孝道都做不到、做不好的人，其他什么事都不可能做到、做好，因此，孝是人类必须要做到和做好的一件大事。

父母虽生养了我们，但是如果没有师长，我们就不懂得礼义和道理，就学不到文化、科学、知识，就不会有今天的成绩和地位。我们要牢记师长的要求和期望，不断地学习，刻苦地钻研，努力地工作，力求有所作为，做到"青出于蓝而胜于蓝"。看到自己的学生和后辈取得了成绩和进步，师长就会感到莫大的安慰和荣耀。

中华民族自古就有尊敬师长的优良传统。在我国历史上，最早开创私人讲学的孔子，据说有弟子三千，学有所成的有"七十二贤"。古人把老师与知识紧密相连，无不把尊敬老师放在首位。伟大领袖毛泽东不忘恩师的故事，给我们留下了美谈，做出了榜样。我们应该用自己的实际行动写好历史的续篇，这样才无愧于辛勤培养我们的老师，无愧于我们的伟大时代。

【建议】

礼仪是人类为维系社会正常运转而要求人们共同遵守的最起码的道德规范，是人们在长期共同生活和相互交往中逐渐形成的准则，并且以风俗、习惯和传统等方式固定下来。对一个人来说，礼仪是一个人的思想道德水平、文化修养、交际能力的外在表现。对一个社会来说，礼仪是一个国家社会文明程度、道德风尚和生活习惯的反映。重视、开展礼仪教育已成为道德实践的一个重要内容。

礼仪教育的内容涵盖社会生活的各个方面。从内容上看有仪容、举止、表情、服饰、谈吐、待人接物等；从对象上看有个人礼仪、公共场所礼仪、待客与作客礼仪、餐桌礼仪、馈赠礼仪、文明交往礼仪等。加强道德实践应注意礼仪，我们要在"敬人、自律、适度、真诚"的原则上进行人际交往，告别不文明的言行。

第四章

修身篇

第一节　天人合一

【故事】

"天"和"人"是中国传统哲学中出现最早而又历时最久的一对范畴，包纳了多种复杂的含义，以至于有的哲学家把"天"称作是中国哲学史上的两件"魔物"之一。

在中国思想史的长河中，不同时代和不同学派所说的"天"和"人"有着不同的内涵，不能简单地把它们等同于自然与人类。比如，甲骨文中的"天"字是大头人的形象，表示人之顶巅，作"大"或"上"解。

大约在商末周初的时候，"天"被用以指称人们头顶上的苍天。由于广博的苍天被认为是至上神的住所，于是"天"又成为至上神的代称。西周初年，"天"已逐渐取代殷人的"帝"（拥有主宰人间吉凶祸福的无上权威的至上神）的称呼，而"天"和"人"也作为相互对应的概念同时出现在当时的文献中。"天"可以通过龟卜向人间发号施令，赐福降祸，而"夙夜畏天之威"（《诗经·周颂·我将》）的"人"则只能匍匐在天帝的脚下。

人天同构是《黄帝内经》天人合一观的最粗浅的层面，《黄帝内经》认为，人的身体结构体现了天地的结构。例如《灵枢·邪客》说：

"天圆地方，人头圆足方以应之。天有日月，人有两目；地有九州，人有九窍；天有风雨，人有喜怒；天有雷电，人有声音；天有四时，人有四肢；天有五音，人有五脏；天有六律，人有六腑；天有冬夏，人有寒热；天有十日，人有手十指；辰有十二，人有足十指，茎垂以应之；女子不足二节，以抱人形；天有阴阳，人有夫妻；岁有三百六十五日，人有三百六十五节；地有高山，人有肩膝；地有深谷，人有腋腘；地有十二经水，人有十二经脉；地有泉脉，人有卫气；地有草蒉，人有毫毛；天有昼夜，人有卧起；天有列星，人有牙齿；地有小山，人有小节；地有山石，人有高骨；地有林木，人有募筋；地有聚邑，人有䐃肉；岁有十二月，人有十二节；地有四时不生草，人有无子。此人与天地相应者也。"

这里把人体形态结构与天地万物一一对应起来。人体的结构可以在自然界中找到相对应的事物，人体仿佛是天地的缩影。其目的在于强调人的存在与自然存在的统一性。

【分析】

"天人合一"是中国传统文化的精髓之一，科学与人文互动互补，即"和而不同"。人文就是要满足个人与社会需要的终极关怀，是要关心人、社会与自然界，是人要成为"人"的精神需要。现代人文精神的实质就是要做一个具有独立、成熟与健全人格的现代公民。

古代的教育思想把"天人合一"作为最高境界。《周易》中说"天行健，君子以自强不息"，这里的"天"是宇宙最高的抽象本体，同时又是一切价值的源头。从天与人的关系到人与教育的关系，《中庸》进行了最概括的阐明："天命之谓性，率性之谓道，修道之谓教。"这几句非常清晰地勾勒出中国传统教育哲学思想的基本脉络。

诚然，我国传统的教育思想缺乏严密而完整的理论体系，但是当下教育所主张的"人化"教育理念却是传统的"天人合一"教育思想的传承与贯彻。从外在的规范向人的心灵深处探寻意义，重视人的生命价值和存在价值，注重人与人、人与物之间的和谐，都是"天人合一"这一传统教育思想带给我们的重要启示。

一节讨论课上，小宇同学跃跃欲试地发言了："上学期，课间我看到一对男女同学又在一起讨论问题，自己也不知出于什么动机，竟然喊了一嗓子：'快来看呀，瞧他们俩又好上了。'这下子可不得了，同学们哄堂大笑，全都把目光聚集到他俩身上，有几位男生跟着'嗷嗷'地大声叫起来。那女生哭着去找老师了。老师带我到教室外的僻静处，我不敢看老师的眼睛，低垂下头。老师却没训斥我：'刚才是怎么回事呢，是由什么引起来的？'我抬起头看了老师一眼，不好意思地说：'老师，是我不好，本来什么事都没有，都是我引起来的。'"

小宇同学腼腆地笑笑："老师也忍不住笑了：'老师不是批评你，是要你讲清楚事情的前因后果，你说说看。'等我一五一十地说完，老师变得有些严肃了，'小宇同学，你觉得自己做得对吗？你认为问题出在什么地方？'我早就后悔了，自己为什么要那样伤害同学呢？'老师，我觉得我不该瞎起哄，本来男女生讨论问题是很正常的事情。'老师抬起右手轻抚我的肩头，'知道自己错了能改正就好。本来同学之间是没有男女界限的，大家都相处得很好，可你这一起哄，不等于制造矛盾吗？多不好呀。男女生之间可以相互学习，取长补短，大家一同成长才对呀。比如男生可以从女生那里学到细致、娴静等品格，克服自己的急躁、粗心等毛病；同样，女生也可以从男生那里学到刚强、勇敢，克服她们的娇气、胆小等缺点。你们都要珍惜这种纯真的友谊，大大方方地交往，你说这样好不好？'我仰起脸来看着老师：'我知道怎么做了。我不单要向他俩道歉，还想在班会上说说我的感受，让同学们消除这些矛盾，以后还像兄弟姐妹似的，我们这个家就会和睦了。'老师欣慰地笑了：'我们小宇同学进步可真快，同学们不但会原谅你，还会夸奖你呢。'这件事过去后，我也懂事多了。"

小宇同学的故事赢得了大家的掌声。老师即兴补充道："男女同学的交往是人格教育的一个方面，也是孩子的天性。现在有些地方出现了男子高中，还有实行男女分班的，这样都会因小失大。生活就是教育，生活本身离不开异性之间的相处。成长时期禁止交往，长大以后怎么办？这会影响人格发育和身心健康，是违背天性的。"

【建议】

关于教育的领悟和实践，永无止境；对于原理和方法的运用，贵在创造。师生双维的情节时空，如两条河流汇集一处，寓意"天人合一"。我们要追求教育形式与内容的吻合，打破形式的常规，追求实质的完整。未来的教育实践中，我们要让真知做伴，与人性化教育一路同行。

第二节　克己复礼

【故事】

一天，颜回请教孔子如何才能达到仁的境界，孔子回答说："努力约束自己，使自己的行为符合礼的要求。如果能够真正做到这一点，就可以达到理想的境界了，这是要靠自己去努力的。"颜回又问："那么具体应当怎么去做呢？"孔子答道："不符合礼的事，就不要去看、不要去听、不要去说、不要去做。"颜回听后向老师说："我虽然不够聪明，但决心按照先生说的去做。"

【分析】

"克己复礼"是达到仁的境界的方法。历代学者都认为，这是孔子传授的"切要之言"，是一种切实的、紧要的修养方法。然而，大家对于"克己复礼"的含义却有不同的阐释——"克"字，在古代汉语中有"克制"的意思，也有"战胜"的意思。

朱熹认为，"克己"的真正含义就是战胜自我的私欲，在这里，"礼"不仅仅是具体的礼节，而是泛指天理，"复礼"就是应当遵循天理，这就把"克己复礼"的内涵大大扩展了。朱熹指出，"仁"就是人内心的完美道德境界，其实也就是天理，所以能战胜自己的私欲而复归于天理，自然就达到了仁的境界。

【建议】

当下，教师的工作压力很大，难免偶尔会在焦躁与繁忙中消极工作，忘却了从教时的初心和理想。尤其高中教师，特别是班主任，肩上的担子更加沉重。学生进入高年级后，由于身心的迅速发展，独立心理、逆反心理、批判心理逐渐增强，处在情感上不成熟的过渡期，总觉得自己已经是大人了，力求摆脱对成人的依赖，教师、家长在他们心目中的权威性有所降低。他们不再事事以教师为中心，不再绝对服从教师的命令，对待低年级学生非常有效的方法此时可能也失效了。高年级学生中有的人情绪很不稳定，容易变化，难以控制，自觉或不自觉地向教师关上心扉。这给教师带来不小的难度。

面对这样的挑战，教师应该怎样做呢？是与学生针锋相对，还是克己复礼、循循善诱呢？显然，一位合格的教师会选择后者，具体而言，教师需要做到：

一、时刻做到"为人师表"

榜样的力量是无穷的，而一位教师就是一个榜样，作为教师要时刻注意自身的品格、学识、修养对学生潜移默化的影响。尤其要注意一些小事、细节，不要自己觉得没什么、无所谓，其实学生的眼睛一直在盯着老师看。他们会在心中评价，在背后议论。一位教师曾听过学生这样议论："要我们到校别迟到，可他不是打铃了才匆匆走进课室？""要我们书写工整，可看看他的板书……""要我们抓紧时间学习、写作业，可他做事不也一样拖拖拉拉？"所以，教师要特别注意自尊、自爱、自信、自强，让自己良好的风范引领学生；要有儒雅的举止及浩然之气，让自己的神韵、风采使学生折服。这样才能让学生从情感上接纳自己，为教育工作打下良好的基础。

二、摆正师生位置，充分尊重学生

在传统教育观念中，教师的地位是绝对权威的。教师多以"我"为中心去要求学生，容不得学生有半点违抗。而今天，学生会要求教师抛弃这样的"警察形象"。教育者不能再以为当了教师就有了权威，就能凌驾于学生之上，也不能整天板着一副面孔，摆出"班主任天生不会笑"的刻板形象，而要放下架子，与学生平等相处。要去了解他们、感受他们、理解他们、宽容他们、帮助他们、鼓励他们，做他们的良师和益友。让他们感受到教师的爱、尊重与鼓励，从而敞开心扉接纳教师，听教师的话，而不再是抱怨"你不懂我的心"。班主任要管理好班级，就要注意培养和建立师生之间相互信任、相互尊重、相互友爱的人际关系，对待"后进生"更要坚持不歧视、不放弃，以更多的理解和尊重来感化他们。

三、教育引导要讲究实用原则

高年级学生对教师的教育不再是听而不问、信而不疑、全盘接受。他们中的许多人深受家庭、社会的影响，功利性、实用性目的非常明确。他们不想听喋喋不休的大道理，更希望有实实在在的收获。这时期的教育如果能针对学生的这种心理加以引导，那么教师的工作将会事半功倍。

比如，一位同学替一位故意旷课的同学请假，教师批评她，她振振有词："我这是帮助同学，同学之间，特别是好朋友之间互相帮助，难道有错吗？"她认为同学有难而不帮忙是会被排斥的。这时如果对她灌输正确的友谊观、诚信观，她根本听不进去。于是教师告诉她，同学之间互相帮助是对的，先肯定她的做法，再告诉她：首先，帮助同学是为了同学好，而不是纵容同学的坏毛病；其次，帮助同学的方法要行之有效，方法不当，等于没帮；再次，帮助同学的前提是自己不要犯"法"。最后，教师问道："你现在的做法有没有帮到她？"该学生不出声了，认同了教师的说法。

第三节　独善其身

【故事】

东晋名臣谢安少年时就思想敏锐，举止沉稳，风度优雅，名气很大。朝廷多次招他去做官，但他都推辞不就。后来，谢安干脆到会稽的东山隐居，与王羲之等名士交游，纵情山水，吟诗作文，就是不愿到朝廷当官。

谢安数次拒绝征召，引发了一些大臣的不满，朝廷决定对谢安终身不再录用。谢安却对此不屑一顾，依然到处游山玩水，潇洒不羁。当然他并没有像真正的隐士那样完全脱离社会，否则就没有日后的出仕了。

后来，谢氏家族的地位受到了很大的威胁，谢安才终于出仕。

他出仕后采取了很多稳定政局的举措，并作为晋军统帅抵抗前秦的侵略。当时前秦苻坚率领数十万大军南下，志在吞并东晋，统一天下。军情十分危急，建康一片恐慌。谢安却依然镇定自若，派了谢石、谢玄、谢琰和桓伊等人率兵八万前去迎击。当晋军在淝水之战中大败前秦的捷报传来时，谢安正在与客人下棋。他看完捷报，便放在座位旁，不动声色地继续下棋。客人忍不住问他，谢安淡定地说："没什么，孩子们已经打败敌人了。"直到下完棋，送走客人，谢安才抑制不住心头的喜悦，跑着进了房间，把木屐底上的屐齿都碰断了。淝水之战的胜利，使谢安的声望到达了巅峰。

没过多久，谢安就着手建造船只，想回到会稽去。这种不卑不亢、不结私党、功成不居、去留无意、宠辱不惊的精神，让谢安深受世人的景仰。"达则兼济天下，穷则独善其身"，这句话在谢安身上得到了完美的演绎。

【分析】

结合当前教师的教育教学研究工作，会让我们认识到从"独善其身"到"兼济天下"的真正意义。教师教育研究的目的首先应该是"独善其身"，即思考和解决自身教育教学中遇到的问题。当这些问题具有一定的普遍性，思考具有一定深度，解决问题的办法有效并且可以推而广之，就有必要发表出来，以达到"兼济天下"的目的。教师在教育研究方面应该注意几个问题：

一、紧扣问题，寻找"新突破"

有教师问："怎样才能找到有意义的研究问题？"

一位教育学专家认为：不存在没有研究意义的教育问题，只存在没有意义的教育研究。任何教育问题只要存在，就有解决的必要；找到了解决的办法，也就有了研究的意义。教师只要稍作留意，就会发现许多具有普遍性的教育教学问题长期存在，并没有得到很好的解决。只要我们坚持从正确的教育价值取向和先进的教育理念出发，寻求有效的解决办法，就不愁没有创新。即使是研究一个在一些教师那里已经得到解决的问题，对于其他教师也依旧是具有借鉴意义的。

二、由己及人，追求"真价值"

有教师问："我写了很多论文，但大多都发表不了；而有些发表了的论文，我看也没有多大价值。教师搞教育研究有意义吗？"

"独善其身"的教育研究的目的在于教好自己的学生，而"兼济天下"的教育研究的目的在于影响自己的同行。前者有利于促进教师不断成为优秀教师，后者有利于促进教师不断成为教育专家。二者属于教师专业化发展的两种不同境界，却并非两个截然分开的阶段。在进行"独善其身"的教育研究的过程中，教师随时可以将自己有价值的教育经验与教育智慧拿出来发表，与全国的同行分享。但无论如何，教师准备发表的文章，首先必须要能够"独善其身"，否则就失去了发表的意义。不能"独善其身"，就不可能"兼济天下"。

三、开阔眼界，不做"井底蛙"

有教师问："我的一些教学方法在自己的教学实践中很有用，把它总结出来是不是就有发表的价值？"

教师教育研究不能"独善其身"，就肯定不能"兼济天下"，但是能"独善其身"，也不一定就能"兼济天下"。因为我们自己遇到的有些问题，可能别人早有解决的良策，只是我们不知道。虽然我们的研究解决了自身的问题，其实却犯了孔子早已批评过的"思而不学"的错误，于己费力，于人无益。至于明明并无多少创新，却硬要另立山头，自命"某某教育""某某理论"等，恨不得一夜之间成为全国著名的教育家，就更是自欺欺人了。传统社会信息闭塞，尚情有可原；如今是信息社会，教师即使身处大山，只要能够上网，便可"秀才不出门，便知天下事"。所以教师一定要加强学习，尽可能博采众长。

四、回归原点，避免"跟风跑"

有教师问："我们学校采取'走出去，引进来'的方式，学习了许多先进经验。可是今天让这样搞，明天让那样搞，结果反而使我们不知该怎么教了。请问应该怎样学习他人的成功经验？"

学习他人的成功理论和经验是重要的，但也容易走向极端，变成"跟风跑"。今天领导让学习这个"理论"，明天让学习那个"经验"，后天可能又要学习另一个"模式"，很像"猴子摘玉米"，摘一个扔一个，结果一个也没有吃到嘴里。其实不管什么理论，什么经验，什么模式，都必须符合教育的基本价值取向。在今天，促进每一个学生全面发展，提高国民素质，就是一切教育理论与实践出发的"原点"。教师只要回归这个原点，就很容易理解各种"理论""经验""模式"的精髓，也就容易融会贯通，博采众长，并有可能创造出具有自身特点的新的"理论""经验""模式"。回归原点，就是回归其他理论、经验和模式的出发点，与我们要学习的专家、同行站在同一起跑线上。只有这样，我们才能像他们一样优秀。孔子认为自己并非"博学而多识"，而是"吾道一以贯之"，说的就是这个道理。

五、生动具体，避免"学究气"

有教师问："由于个人理论基础薄弱，写出来的东西总觉得不如专家写的那样专业、深刻、系统，请问我该怎么办？"

教师加强理论学习，这是必要的。在行文中也要注意使用专业术语，而不要说"外行话"。但是，也要注意分寸，不要故意生拉硬拽，装出一副学究气，以为这样就显得有学问、有深度，殊不知却是舍本逐末。俗话说得好，尺有所短，寸有所长，教育专家的研究理论性强，但广大教师身处基础教育第一线，有着丰富的实践经验，是理论工作者难以企及的，所以要多用鲜明生动的事实来反映问题，阐述观点。文中某些地方如果确有必要引用理论论述，也应力求通俗易懂，深入浅出。

六、学会合作，不做"独行僧"

有教师问："怎样才能知道自己的研究是否存在问题？怎样才能知道自己的研究成果能不能发表？"

一个人的想法难免有些片面化，避免片面化的最好的办法就是多听取他人的意见。教师做教育研究也要重视与其他同行交流，来撞击出智慧的火花。这是就教师研究的过程而言。就研究的结果而言，研究成果到底怎么样，不可能由自己说了算，而是要得到大家的认可。即使某些自认为不错的想法和做法一时不能得到他人的认同，也要重视交流和沟通。因为如果连身边的同事都不能说服，又谈何影响全国的同行？"兼济天下"岂不成了空谈？所以从试图说服身边的人做起，是检验教育研究成果能否得到普遍认可的试金石。从某种意义上来说，这样也就检验出了教育研究价值的有无或大小。

【建议】

独善其身，就是不得志时要洁身自好，修养个人品德。现在常引申为在和周围的人意见有分歧时，要坚持自己，善待自己，追求个性，追求自我，摆脱束缚，自由自在等。

作为一个合格的教育工作者，作为一名责任重大的人民教师，必须做到独善其身，不仅要有清醒的认识和正确的态度，更要重视自己素质的提高。

首先，教师要树立新型的人才观。长期以来，广大教师的人才观过分强调共性，往往用一个模式、一个标准去要求所有学生，采取"划一主义"，忽视了学生的个性，压抑了他们的创造性。这种人才观的存在不适合现代社会的要求，更难应对知识经济的挑战。为此，教师必须摒弃这种观念，树立不拘一格的人才标准。一方面，要重视学生个性的培养，为他们个性的发展和张扬提供广阔的生活空间，创造良好的文化氛围，建立可靠的制度保障。另一方面，要打破传统观念的束缚，真正把创造性、创新精神作为衡量、培养人才的一项核心内容，积极鼓励学生质疑问难、标新立异、勇于进取、敢于开拓、大胆创新。

其次，教师要革新教学的传统观念。以传授知识为主还是以培养学生的创新能力为主，是传统教学观与现代教学观的根本区别之一。传统教学观认为，学生对知识记得越牢固越好，并把知识作为一成不变的绝对真理来掌握，这就使得学生的学习没有积极性，其创造性、创新能力得不到重视和培养，长期下去就会受到压抑，甚至被扼杀。为了适应知识经济对创新人才的需求，教师必须革新传统的教学观念，树立现代的教学观，着眼于对学生创新能力培养，通过教学把学生身上蕴含的创造潜能开发出来。

再次，教师要与学生建立良好的师生关系。长期以来，在我们的教育工作中，师生间是一种垂直的教育与被教育的关系，学生处在被动接受教育的地位。在这种不平等的师生关系基础上是不可能有师生间的平等交流的，也不可能有在平等基础上进行的对科学知识的探讨。学生在这种情形中是被动地接受知识，没有机会表达自己的意见，发表自己的看法，久而久之，学生的创造性被扼杀，不但创新能力得不到良好的发展，就连健康的人格发展也会受到严重的影响。为了适应知识经济对人的创新能力的高度要求，教师应当有目的、有意识地建立一种新型的师生关系。一方面，教师要形成尊重学生的良好教风，在教育工作中要真正尊重学生的人格、思想、情感、意志等，绝不能挫伤学生的积极性，更不能讽刺、挖苦、打击学生的自尊心和主动进取的精神；另一方面，教师要善于给学生提供表达自己意见、看法、思想、思维等的机会，鼓励他们积极思考、大胆探索、积极创新。

最后，教师在教学工作中，正确而恰当地运用探索、研究、发现式的教学方法，对于促进学生智力的发展，提高学生的创新能力都具有积极的意义。为了适应知识经济对人才创造性的关注，教师在教学工作中既要注意给学生创设问题情景，激发他们的疑问，又要引导好他们的思维过程，鼓励他们大胆地提问，创造性地解决问题。

第四节　兼济天下

【故事】

苏轼聪慧过人，21岁就在进士考试中考了第二名。考得这么好，本来他应该仕途畅通、平步青云的，可偏偏碰到了王安石变法。由于王安石施行变法手段过于激进，变法不免为一些小人所利用，所以出现了很多问题。而苏轼是兼济天下之人，怎会坐视百姓受苦而不管？虽然当时王安石位高权重，苏轼仍然据理力争，结果受到排挤，只能担任一些地方职务。尽管如此，他并没有消沉，为地方百姓做了很多实实在在的好事。

在徐州任职时，苏轼领导群众成功抵御了一场洪水。当时徐州城外水深二丈八尺，水位高于城内地面一丈有余。面对来势迅猛的洪水，苏轼指挥镇定，调度有序，"吾在是，水决不能败城！"无论到哪个地方任职，他都兢兢业业，深受百姓爱戴。他看到变法的急功近利给人民带来的痛苦，就写了一些诗进行讽刺，结果弄出著名的"乌台诗案"，最后被贬黄州，实际上是被囚禁。这下苏轼可谓是"穷途末路"了吧，但他仍然能不改其乐，和每一个人说笑，任何地方在他看来都是美景。他游赤壁，喝美酒，垦荒地，与他人谈经论道，写下了很多流传千古的文章。

几年之后，保守派司马光主政，苏轼也得以东山再起，官职升得很快，回京城时皇太后亲自迎接，受到了远超常人的礼遇。但后来他与司马光发生了激烈的争吵，原因是司马光执政后要尽废新法，而苏轼认为有一部分新法是对人民有利的，应当保留。尽管司马光是他的朋友，尽管和司马光争论可能会使他再受排挤，但这些都不在他的考虑范围之内——既然身居高位，就要为人民谋利益。最后，压力之下，苏轼不得不再一次请求外调。任职杭州其间，他疏浚了河道，治理了西湖，修建了苏堤，西湖之所以有现在的美景，很大程度上要归功于他。苏轼所做的这些事情都表现了他高度的责任感和兼济天下的理想追求。

后来，改革派重新当权，苏轼又被一贬再贬，最后被贬到海南。海南在当时是一个极其偏远落后的地方。虽然在老年受到了这样沉重的打击，但苏轼似乎并没有太多的忧伤，他泰然处之，仍然吟诗赏景，又学着酿酒，苦中作乐。

且看他被贬到黄州后写的《定风波》：

莫听穿林打叶声，何妨吟啸且徐行。竹杖芒鞋轻胜马，谁怕？一蓑烟雨任平生。

料峭春风吹酒醒，微冷，山头斜照却相迎。回首向来萧瑟处，归去，也无风雨也无晴。

　　苏轼用"一蓑烟雨任平生"的态度与命运抗争，保持自己的人格魅力和道德操守。更为重要的是，经历了人生的起起伏伏，苏轼最终大彻大悟，明白了人生最终要归于和谐和平淡，所谓的风雨终将过去，而风雨过后便是彩虹。忧愁和美丽在生命长河中相互转化，最终达到终极融合和平衡，因此就无所谓风雨也无所谓晴，一切皆淡然、超然和豁然。

　　苏轼是伟大的乐天派，他把一切苦难都看得那么平淡，自由自在，潇洒豪迈，穷则独善其身，达则兼济天下！

【分析】

　　"师者，所以传道授业解惑者也。""传道"之所以被韩愈列为"师者"之首，是有原因的。在传统文化中，"道"有着丰富的内涵，而且并不仅限于书本上的知识，既包括"修身、齐家、治国、平天下"的人生理想，更包括"穷则独善其身，达则兼济天下"的人生道理。

　　有这样一位教师，人们都说他风趣、幽默、充满活力，具有一种独特的魅力，能引导学生进入最佳状态；而更多的人则重复着这样一句朴实、中肯的话："他是一位用心来教学生、懂学生、帮学生的好老师。"

　　这位教师的大学生活是在南方的校园里度过的，美丽的风景和优秀的师长让他对校园生活回味无穷。说起美丽的南方，他的幽默就开始表现出来，形容南方是鸟语花香，"花香"是真的花香，而"鸟语"则是指对吴侬软语的一头雾水。他说，那个时候的大学生活相比现在要轻松些，但是所学专业需要他勤于思考、发现问题、多加练习、熟练模型，于是他经常在面对单调枯燥的数学公式之余释放身心、品味山水。因为临近江南水乡，一个小小的背包就可以让他的足迹遍至江浙。原来，他在那个时候已经体会了现在流行的娱乐方式——做一个背包客！也许就是因为那一个小小的背包、那一幅幅秀丽的风景给了他豁达的胸怀、宽容的心态，在以后的教学生涯中，这种胸怀和心态让他"两寸粉笔谱神曲，三尺讲台筑奇章"。

从刚毕业被学生叫住——"同学，你是不是走错教室了"的尴尬，到现在奔走于各个教室为学生传授知识、排忧解难的忙碌，这位教师已经在教学岗位上走过了十五个春秋。提及自己的工作，他最大的感受就是"师者，所以传道授业解惑者也"！韩愈的《师说》给予教师的定义实在精辟，教书的确是教师的职责，而育人则更能体现教师的价值。

他曾坦言，自己受到学生赞美，凭的就是一颗"真心"——与学生真诚交往，与他们深入沟通，就一定能换来学生的真心。一旦建立了这种"相互信任"的关系，交流就会畅通无阻。老师和学生都是"知识型人才"，区别只在于掌握知识时间上的先后。既然都是读书人，掌控有度的劝诫总强于咄咄逼人的训责，因为育人需要一种强烈的责任感和一份真挚的情感。漫长的讲台生涯让他"拓伸自己的人生观，寻找生命的最佳点"。

如果说以前只是将教学作为单纯的本职工作，那现在的他已经将教学融入自己的生命，教学就是他的使命。在教学模式上，他喜欢推陈出新且注重联系实际，用数学模型来阐释生活中的问题，不但使知识变得不再死板，还教会了学生一些小窍门。听他的课，学生不用担心走神，因为很快就会被他的话吸引，仿佛他有一种"魔法引导力"。

看着他一直都是一副神采奕奕、精力充沛的样子，有人不由想，难道他就没有疲惫的时候？他笑着说："正常人都会疲劳，但老师的劳累如果是因为教学、因为学生对于知识的渴望，那么这种劳累就会给老师带来振作的动力，因为底下还有学生等你解答问题呢！"接着他说了一件让人感动的事，一次辅导课上，他讲话讲多了，嗓子突然变得很难受，中间休息后回到教室，他就被讲台上十几包不同的咽喉片和数瓶矿泉水惊呆了，这就是专属于教师的幸福！

在评价自己时，这位教师只说了两点：一是挺幸运，既有严父慈母，又有负责的师长和豁达的同事；二是稍微有点努力，但这还远远不够。他笑言以后要更加努力，才不至于吝啬到只有这两点可说。其实我们都知道，他的优点都概括在"稍微有点努力"这句谦虚的话中了。

【建议】

"达则兼济天下"，意思是说在得志时，要让天下所有人都得到救济。

国内有一批教师曾到英国、加拿大等国访问，他们到当地的中学、小学进行参观，并与当地的校长、教师进行深入研讨，细致地了解了英国和加拿大中小学的教育体制、教育方式等。令教师们吃惊的是，他们拜访的几乎都是当地最好的学校，但这些学校的教学设备却十分普通。当国内教育的信息化开展得如火如荼，各种高档电脑、多媒体设备竞相更新的时候，一些西方发达国家的教室里用的还是非常落后的东西。教师们感慨地说，虽然他们的电脑没有我们的先进，但他们对各种教育资源的利用率绝对要比我们高得多，很多学校的图书馆、资料室、电脑房，学生可以随时进去使用，不像国内，好东西放在那里却得不到充分利用。

"教学设备的落后更能体现他们教育思想、教育方法的先进"，正如先进的玩具剥夺了儿童动手和动脑的机会一样，简单的传统游戏有时更能培养孩子们的创新意识和创造能力。更何况决定一所学校好坏的不是那些物质的东西，而是它的教育理念和教学思想。

由此而言，我们的课改恐怕不仅仅是教材的改革、教师教学方式的改革，还应有更深层面的改革，触及灵魂的改革。在教学改革一浪高过一浪的形势下，教师要在充分尊重学生人格、个性、爱好的前提下，教会学生敢于张扬个性，敢于超越书本知识，善于从不同角度提出问题，善于用不同方法思考问题，善于以创新思维来解决问题。在这些方面，教师不仅要创新自己的教学内容、教学方法，更重要的是理解、鼓励学生与众不同。

第五节　辨志立志

【故事】

陆羽本是战乱中一名难民的弃儿，由竟陵龙盖寺住持积公从湖边抱回收养，转托于李老家中。陆羽童蒙时代接受儒学教育，后来在积公身边当小沙弥，抄写经文，学习佛事，端茶倒水，服侍师父。他不愿为僧，却爱读诗文，曾因与积公辩论佛儒之道激怒了师父，被罚为贱役，洗厕刷墙，割草放牛，还常常受到师兄的打骂。繁重的劳务、严酷的折磨和责罚，都不能使生性倔强的陆羽回心转意，决不皈依佛门。13岁时，陆羽终于逃离了龙盖寺，到外面独自谋生。最初他寄身于杂耍戏班里，充当丑角，还时不时替戏班子编剧本、写曲子。他曾撰写三篇"谑谈"，在戏台上表演后博得观众好评，来看的人很多，他的名气也因此大了起来。虽然如此，他在空闲时仍手不释卷，学业较之前更加进步。

后来，大臣李齐物谪守竟陵，巧遇陆羽，发现他是一个可塑之才，于是升他为伶师，亲授诗文，还推荐他去火门山邹夫子门下学习，使他有机会苦学数年。天宝十一年（公元752年），陆羽19岁，学成下山，回到竟陵城外的西子湖畔。

陆羽为人正直，讲义气，守信用，善言谈，生性淡泊，不慕名利，四处为家，随遇而安。他当过地方小官，在任职期间，用俸禄所得攒了一些钱。有了钱，他也开始享受生活，可他的享受与众不同。他不求生活奢侈，而是买了最好的茶叶和茶具，烹煮香茗与朋友同享。这是他唯一的乐趣，与他从小在龙盖寺受积公泡茶的影响分不开。渐渐地，他由嗜茶而对茶进行研究，终于形成了一门向社会推广的学问。

从那时起，他已决心写一部书，让后人都知道种茶、焙茶的技术以及饮茶、品茶的益处和乐趣。不久，李齐物改任别处，朝廷另派礼部郎中崔国辅来竟陵郡。崔国辅也时常邀陆羽宴游，共品佳茗。两人过从甚密，遂成莫逆之交。

陆羽的志趣不在功名利禄之间，而在小小的茶叶之上。他的志向和决心得到崔国辅的赞许和支持，崔公将自己心爱的白驴、乌犎牛和文槐书函赠送给他，并乘船亲自送他出西江之滨。21岁的陆羽，从此开始了对茶的游历考察。他一路跋山涉水，饥食干粮，渴饮茶水，经义阳、襄阳，往南漳，进入四川巫山。每到一处，他都与当地村叟讨论茶事，详细记入"茶记"之中，还将各种茶叶制成大量标本，随船带回竟陵。最后他在苕溪隐居，专门开始对茶的研究著述。他历时五年，以实地考察茶叶产地所获资料和多年研究所得，写成世界上第一部关于茶的研究著作《茶经》的初稿，以后又经增补修订，于五年后正式出版，当时他已47岁。

《茶经》问世后，陆羽名扬海内。不久皇帝慕名而召见他，有意留他在京为官，但他陈辞不就，仍周游各地，推广茶艺，影响所及，茶事大盛。

唐代以前，茶的用途不广，一般只把它当作药用，仅少数地区用茶做饮料。在陆羽的推广和《茶经》的影响下，饮茶逐渐成为一种社会风气，茶的地位也日益提高。自此以后，茶成为有经济价值的商品，致使朝廷要征收茶税。又因文人墨客士大夫饮茶之风日盛，饮茶品茗遂成为中国文化的一个重要组成部分。对此，人们归功于陆羽以身许茶的精神和他的《茶经》。陆羽72岁时病逝于湖州天杼山。生前，他有一首《六羡歌》：

不羡黄金罍，不羡白玉杯。

不羡朝入省，不羡暮登台。

千羡万羡西江水，曾向竟陵城下来。

这充分体现了他似茶叶一般清纯醇香的人品。

【分析】

辨志，即辨别其趋向、邪正也，分辨自己能干什么，不能干什么，以确定自己的人生目标，坚定自己的意志和志向。辨志尤其强调一个人要懂得取舍。古人是很重视辨志教育的，一个人能否辨志是他是否具备德才的重要衡量标准。

辨明自己的志向，对于一个人来说是很重要的，古今学者无不重视辨志和立志，辨志过程就是立志过程。陆九渊认为，教学人立志，立志需辨志，辨志即义利之辨，因此立志即是志于义，即是志于实践道德、成圣成贤一事而已。此外，学者为学固当读书，但是读书是为了实践，只读书而不会实践便是白读了，便是未曾立志，即"学者须是有志读书，只理会文义，便是无志"。

现代教育中，立志教育同样不可或缺。新学期开学，某校在初三学生中开展了"立志教育"，通过职业方向测试等方式让学生找到"我喜欢，我擅长，有发展"的职业目标，帮助他们明确努力的方向。

为什么要在初中学生中进行立志教育呢？该校教师认为，青少年最晚应该在初中毕业前树立起适合自己的正确的远大志向，这是因为：

一、时不我待

初中毕业的学生，除了到普通高中入读，也有一部分会进入中等专业学校学习。如果此时仍然没能选择出适合自己的专业方向，仓促做决定，很容易选错专业，即使修正，也要耽误几年时光，若不能修正，则将贻害一生。即便是进入普通高中，准备高考的学生，在仅仅三年的时间内要学习大量知识，承受巨大压力，平时几乎没有时间认真考虑专业选择问题，多数是在高考之后根据分数仓促选择，选错专业和职业的几率非常之大。

二、时机成熟

初三时所有的基础教育科目均已开全，各种活动也都全面展开，随着现代化的信息传播，步入青春期的初中毕业生与过去的同龄人相比，有了更多的人生阅历。他们完全可以在教师的指导下，根据自己的兴趣、天赋、社会需要等因素初步选择未来的职业方向。

三、意义重大

正确的、远大的志向是人生的指路明灯。现代成功学创始人、美国的拿破仑·希尔早在一百多年前就总结了确定终身目标（即远大志向）对人带来的好处：如能够合理安排时间、能抓住机遇、信心倍增、乐于合作等。

【建议】

学校在立志教育方面应进行有益的尝试。教师引导中学生成功立志有三种办法：

1．稍加引导，正确立志

教师可以通过组织开展立志教育讲座，介绍有关立志与择业方面的基本知识，培养学生的立志意识，引导他们逐步确立自己的志向。

2．系统引导，正确立志

初中毕业的同学，在学校经过立志教育，各自都树立了正确的远大志向。他们把自己的远大志向写在家中的书桌上，同时还把远大志向分解成长期、中期、短期目标，并把短期目标的图片（自己想要考入的高中）挂在墙上。

3．测试引导，正确立志

教师可以让学生通过一些兴趣与天赋的测试，了解自己喜欢做什么，强项是什么，从而找到自己的兴趣点，立下正确志向。

第六节　改过迁善

【故事】

东晋时的江苏宜兴，有一个名叫周处的少年，由于他凶狠蛮横，人们对他又恨又怕，将他与当地山上吃人的猛虎和河里凶残的恶蛟相提并论，称为"三害"。周处知道后，想改善自己的形象，于是主动与同乡长辈商量，要去把猛虎与恶蛟杀掉。在杀死了山上的猛虎以后，他去河里杀恶蛟，徒手与蛟龙搏斗，沿江沉浮而下，三天三夜之后，血水把江面都染红了。

人们以为周处死了，都欢呼雀跃起来，谁知此时杀死了蛟龙的周处回到了乡里。他满脸兴奋，却看到了人们庆祝他死了的场面，顿时感到非常难过。

于是他来到著名文人陆机、陆云兄弟家中，倾诉他的苦闷："我现在十分悔恨以前的所作所为，只怕是自己年岁蹉跎，想改也来不及了！"陆云对他说："古训有言，早上能认识真理，就是晚上死了，也无所遗憾。认识错误、改正错误没有早晚的区别。一个人只怕不立志，哪里有发愤图强而一事无成的道理？更何况你风华正茂，前途还很远大！"

周处听了以后，回去潜心习武，刻苦读书，获得了朝廷的重用。后来周处官至御史中丞，成为国家的大将，在抵抗外敌入侵的斗争中以身殉国，成为一名顶天立地的英雄。

【分析】

在现代教育中，教师应该允许学生犯错。当学生犯错后知道悔改，教师就应给予他们机会，帮助改过自新。

有这样一个学生，到六年级时已经被四所学校开除过。有一次，他偷了将近两万元钱，被老师当场发现。为了使这个学生改邪归正，老师就把派出所的人请来吓唬他，要他做笔录。学生做完笔录之后，呆若木鸡地坐在楼梯口。刚好那一天他的班主任发现他的情绪非常低落。就轻轻地坐到他的旁边，却没有说话。班主任坐在这个学生身边，是想让他知道有人在关心他。过了一会儿，他跟班主任说："老师，没有一个人喜欢我，我想去死。"然后老师就问他："别人为什么不喜欢你？"那个学生就说："我打人，我骂人，我偷东西……"于是，班主任对这孩子说："你不打人，不骂人，不偷东西，别人就不会讨厌你了。"结果，这个孩子讲了一句让人很痛心的话，他说："老师，我很想改，但是我改不了。"

聊完之后，这位班主任做了一番调查，发现该学生家里面的情况很糟糕，于是就跟这个学生约好："你以后每天下课后，到老师这里来。"然后，班主任把一张纸用线分成两半，告诉学生一半叫善行的地方，要记录做了哪些好事，一半叫改正的地方，要记录做了哪些坏事。好事每天要增加，坏事每天要减少，这是他每天都要做的功课。

学生认真地按照班主任说的去做。慢慢地，记录好事的那半张纸上的字越来越多，记录坏事的那半张纸上的字却不再增加。他得到了老师们的认可和鼓励，同学们也都愿意和他一起玩了。

【建议】

所谓改过迁善，就是指改正错误，去恶就善，把错的变成好的。

俗话说，人无完人，每个人都不完美，都有犯错的时候。学生也是如此。其实，每个人都是在犯错中总结经验教训，从而变得更优秀；整个人类社会，也是在不断地犯错、不断地遭遇困难的过程中获得进步。正所谓"吃一堑，长一智"，学生是在不断地犯错中成长起来的，他们只有被蜂蜇过才深切地知道以后绝不能再捅蜂窝。当学生犯错后，必要的指导、教育是要有的，但教师不要指望经过教育，学生就绝对不再会犯错误了，因为"犯错、吸取教训、获得进步"本就是一个螺旋式上升的必然过程和客观规律。

教师应该明白，他们的作用就是让学生在犯错后明白道理，并自己总结出避免今后犯同样错误的经验；因为学生的每一次错误、失败都有可能成为他们今后成功的铺垫。这也是改过迁善的过程。

第七节 必仁且智

【故事】

战国时，梁国与楚国交界，两国在边境上各设界亭，亭卒们也各在自己的地界里种上了西瓜。梁亭的亭卒勤快，经常锄草、浇水、施肥，瓜秧长得很好，而楚亭的亭卒懒惰，从来没管过瓜秧，秧苗长得又瘦又弱，与对面简直是天壤之别。楚亭的人觉得很没面子，于是在一个没有月光的黑夜，偷偷跑过去把梁亭的瓜秧全都扯断了。

梁亭的人第二天发现后，非常愤怒，便报告给县令宋就，强烈要求把楚亭的瓜秧也都扯断。宋就听了以后，对梁亭的人说："楚亭的人这样做当然是很无耻的。可是，我们明明不愿他们扯断我们的瓜秧，那么为什么再反过去扯断人家的瓜秧？别人不对，我们再跟着学，那就太狭隘了。你们听我的话，从今天起，每天晚上去给他们的瓜秧浇水，让他们的瓜秧长得好起来，而且，你们这样做，一定不能让他们知道。"梁亭的人听了后，觉得宋就说得有道理，于是就照做了。

楚亭的人慢慢发现自己的瓜秧长势一天比一天好，觉得有点奇怪。后来他们发现原来是楚亭的人每天夜里悄悄地替他们给瓜秧浇水。楚国的县令听到亭卒们的报告后，既感到惭愧，又感到敬佩，于是把这件事报告给了楚王。

楚王听说后，有感于梁国人修睦边邻的诚心，特意准备了厚礼送给梁王，既表示自责，也表示酬谢，两国之间的关系也越来越好。

【分析】

针对道德修养中情感与认知两种不同心理因素之间的关系，董仲舒提出"必仁且智"的命题，认为在道德教育中必须做到"仁"与"智"的统一。只有仁德而无智慧，那么在施爱于人时，就不知分辨好坏；只有智慧而无仁德，那么智慧也没有什么用处。所以仁者怀抱仁爱感化别人，智者利用自己的智慧辨析利害。仁与智具有辩证的关系，只有"必仁且智"，才能使人拥有完美的人格。

董仲舒的《春秋繁露》中有一篇的篇名即为"必仁且智"。仁是爱人，智是什么呢？董仲舒说："何谓之智？先言而后当。"即先说出来，以后在社会实践中得到证实。智，简括之，就是"知"和"当"。"知"即知道事物的本质及发展变化，"当"指符合变化发展的客观实际。"知"和"当"是一致的，用"智"可以概括这两者。

他特别强调需要仁智。"莫近于仁，莫急于智"，"仁而不智，则爱而不别也；智而不仁，则知而不为也"（《必仁且智》）。人同时需要仁德和才智，缺一不可。作为教育方针，应以培养德才兼备的人才为主要目标。

【建议】

作为一个教师，时时刻刻要有一颗爱学生的心，无论何时、何地、何种情况下，都不要嘲笑、谩骂学生。要把这种爱通过恰当的方式，智慧地表达出来。这就是现代教育理念提倡的"以人为本""以学生为本"的重要内涵。

第八节 美道慎行

【故事】

晋代的葛洪曾编写了一本《神仙传》，说三国时，有一位高人叫董仙，在庐山山脚下盖了一间房子，开始悬壶行医。他的医术十分高明，却从不收病人一分钱，只提出一个要求，病情严重的人被治好后，就种杏树五棵；病情轻的人被治好后，种杏树一棵。于是在他结束行医之时，庐山之麓竟然已经种了十万棵杏树。春花秋实，绿荫蔽日，这些杏树被人们称为"董仙杏林"，用以称颂他的高尚医德。

【分析】

汉代董仲舒提出："善为师者，既美其道，有（又）慎其行……吾取之。"他明确指出："善为师"的必要条件首先是"既美其道，有（又）慎其行"的师德。"美道慎行"充分表明董仲舒对教师道德的高度重视并要求他们以身作则的意义。对于教师的职业道德修养（以下简称师德），我们应注重"内化"的道德，而不仅仅是客观的规范、原则，不能把师德仅仅诉诸条例与规定。

在人生的字典里，"爱"这个字最为广博和深奥，但在每个人的生活中，爱又显得是那么单纯与具体。有经验的教师都知道，教育学生最好的方法就是给予他们博大而无私的爱。

高一学生刘某，贪玩好动，很喜欢打篮球。一天打球时，他不小心摔伤了手臂，老师急忙将他送到医院。医生经过检查，发现他手臂骨折了，需要马上住院接骨。住院押金至少要交一千元，老师知道刘某只有母亲一人带他，给他母亲打电话也一直是关机。

当时老师的积蓄刚刚全部用掉，身上根本没有那么多钱，最后只好跟同事打电话借钱，才把住院手续办好。一切安排妥当之后，医生要给刘某接骨了，而此时还是没有联系上他的母亲，医生便让这位老师按住他。看着刘某痛得嘴唇发白，豆大的汗珠往下淌，却坚强地没发出一声叫喊，这位老师当时的感受真像自己的亲弟弟在遭受痛苦一样，心疼得直流眼泪。刘某反而安慰老师："老师，没事，我不疼，你别担心。"接好骨，打上石膏，老师扶刘某回到病房打上点滴，已经是晚上八点多了，老师又急忙到外面给刘某买了一份饺子。刘某伤的是右臂，左手又插着针头，于是老师就一个一个喂他吃饺子。这时，老师看到这个大男孩的眼里闪动着晶莹的泪花。

后来刘某将这件事写进了日记里，字里行间对老师充满了感恩之情，他说这位老师是他遇到的最好的老师，他永远都不会忘记这件事，一定会用优异的成绩来回报老师。从那以后，他学习努力了很多，一次考试中还曾经考进年级前五十名。

这其实就是心理学上讲的爱的迁移，教师只付出了一点点，却赢得了一名学生一生的尊敬和爱戴。这也让我们懂得，教师只要用真心去爱你的学生，就能得到丰厚的心灵回报，而这是只有教师才能拥有的精神财富。

为了学生这份纯真的爱戴之情，也为了自己承担的神圣职责，教师必须倾尽全力地去工作。

【建议】

有人说，教师的职业就是一种良心。是的，只有真正做教师的人才能体会到，教师的工作不能用简单的时间来衡量，学生占据的不只是教师的时间，还有教师的思想和灵魂。许多人做了教师才明白什么是牵肠挂肚，多少次半夜醒来，梦境中全是学生。想要教育好一个学生，教师面对的不只是这个学生，还有他的整个家庭、他的出生背景、他的成长环境等；要操心的也不只是学生的学习，还有他们的品德、他们的精神。

第九节　博学于文，约之以礼

【故事】

春秋战国时，齐国派了一位使臣来向孔子请教问题，因孔子曾经与这位使臣见过面，便把使者请进屋里。

孔子与使臣谈话，颜回忙着为他们准备茶水。一不小心，颜回的袖子把茶杯碰到了地上，茶杯一下就摔碎了。这个茶杯是孔子专用的，因而他平时格外爱惜。颜回怕孔子知道了生气，就偷偷地把杯子的碎片藏在袖筒里，然后又拿出个新的杯子，装作若无其事的样子，继续倒水奉茶。颜回见孔子并没有发觉，心里感到沾沾自喜，自认为躲过了一次责怪。

使臣请教完问题，孔子与颜回送使臣出门离开。等使臣走远了，孔子和颜回正要回屋，忽然看见一群发丧的走来，孝子哭得撕心裂肺。

颜回说道："自古常理，人死不能复生呀！"

孔子在一旁接话说："人厚了也不会变薄呀！咱们师徒这么多年，还有什么事要遮遮掩掩的呢？"

颜回听出孔子话中有话，明白孔子已知道了打碎茶杯的事，顿时满脸羞愧。

孔子说："茶杯摔碎了没什么，跟我说一声就好了，何必为了这点小事藏着掖着呢？"

颜回见孔子原谅了自己，急忙把袖筒里的碎片扔了。

【分析】

孔子曾说："君子博学于文，约之以礼，亦可以弗畔矣夫。"意思是说：如果君子在一切学问上都可以做到博学，又能归纳到自己当前的实践上，那么就可以说这个人对于为人处世之道是没有什么背离的了。这里的博学于文与约之以礼的意思是一样的，并不是说先博学，再守礼，亦不是先守礼，再博学，而是两者齐头并进，相辅相成。其出发点虽然在说学的境界，但在本质上与以礼行事的实践是一致的，二者说法不同，实际上都是达到仁者之道的方式。

教育过程是人类文明过程的重现。生命和经验都只能传承而无法遗传，这就要求人类必须要受教育。博学于文，就是用文化使人博学。这里的"文"，主要指的是古代的文献典籍，博学于文，也就是广泛地学习前人的文献典籍。

"约之以礼"，一般的解释就是以"礼"约之，也就是用"礼"去规范行为。不论何时，人的自由必须是有限度的、可控制范围内的自由。

钱穆先生说"礼"并非"礼"，而是"体"，也就是"体验"，因而这里有"践行"之义，也就是学以致用的意思。仅仅"学"是不够的，还必须要"用"、要"实践"其所学的，才是真正的"学"。这种说法很有道理。

最后一句"亦可弗畔矣夫"。"畔"即"叛"，也就是"背叛"，这个字没有什么争议，关键在于背叛什么的问题。传统的"解释一定会告诉大家不要背叛君主，但这种看法已经被现代摈弃。

如果用钱穆的解释，这一段解释就是：以"文"抟学，并实践所学，就不会背叛自己的"道"。如果按一般的解读，就是用"文"充实自己，用"礼"约束自己，这样才不会背叛自己的"道"。这是一个非常浅显的道理。

孔子在这里提出了君子学习的目的和手段的问题。他认为，作为君子，不能违背大道。孔子一贯倡导仁德，认为君子所能达到的最高境界就是仁德，应该是顺乎天道自然运行发展的规律，顺乎人类社会历史的发展规律，还要顺乎每个人身心成长发展的规律。如此，君子才能算不违背大道。

孔子在这里说了文献典籍以及礼制对于君子不违背大道的作用。君子要达到不违大道的境界，肯定要广泛学习研究古代的各种文化典籍，这是毋庸置疑的。人类社会的历史如同江河里流淌的水，是不能割断的，现在是过去的延续，未来是现在的延续。我们研究文献典籍，可以预知社会发展的趋势和走向，使自己的所作所为合乎并推动历史的发展，最大限度地减少人生的盲目性。而这里所说的"礼制"应该是指社会的原则和规范。君子，以及其他所有的人，都生活在社会群体中，当然要遵守一定的社会原则和规范。

【建议】

博学于文，约之以礼，说明了孔子的教育目的。培养君子或仁人是孔子教育的重要目标，想要成为君子，孔子认为不但要广泛地学习古代的文化知识，而且要以"礼"来约束自己的行为，使自己的行为不越轨，这样才不会违背君子之道。

孔子把礼作为修身的最高境界，同时也把它作为做人的起码要求，认为人们必须知礼、守礼，以礼为立身标准，才能修养成为仁人、君子。"博学于文，约之以礼"是孔子一个重要的教育思想。对此，孔子的学生颜回这样评述："夫子循循然善诱人，博我以文，约我以礼，欲罢不能。"按照孔子的教育思想，要成为具有很高道德规范的有道之人——君子，不仅要有知识、有文化，而且要有礼貌、懂礼节。因此，"博学于文，约之以礼"这一古训，可以说是对教师、学生的总体要求，也可以说是我们教育的培养目标，即我们培养的学生要德才兼备。实际上，现在的多数学校已达成这样的共识：在抓教学质量的同时，应该花大力气抓学生行为规范的培养。

第十节　吾日三省吾身

【故事】

夏天的一个夜晚，孔子与几名弟子一起步行赏月。

孔子对弟子们说："我已69岁了，今后与你们一起行走的时间不多了。今晚风凉月朗，咱们随便走走谈谈。"

子柳问："老师，我是您的新弟子，个人修养远不及师兄们，我想在修养方面多努力。请老师谈一下'格言'的确切含义。"

"'格言'是含有劝诫和教育意义的精练语言，一个君子应当有自己的格言，用以警醒、鞭策自己。"孔子说完，问曾参："你时常考虑什么？"

曾参说："师兄颜回德高学深，然而，他拥有时常向不如自己的人请教的美德，他真正做到了'以能问于不能，以多问于寡'。我时常考虑的是从多个方面学习颜回的美德。"

"'以能问于不能，以多问于寡'，这句话自然是颜回的了。"孔子问曾参，"那你的格言是什么？"

曾参恭恭敬敬地说："'吾日三省吾身'，即我每天以三件事反省自己：第一，检点自己帮别人办事是否尽心尽力；第二，检点自己和朋友交往是否讲诚信；第三，检点自己是否认真复习了老师教授的学业。"

孔子满意地说："你这三点做得很好，要想做一个真正的君子，必须做到'吾日三省吾身'！"

【分析】

儒家十分重视个人的道德修养，以求塑造成理想人格。这里所讲的自省，则是自我修养的基本方法。

在春秋时代，社会变化非常剧烈，反映在意识领域中，即人们的思想信仰开始发生动摇，传统道德似乎已经在人们的头脑中出现危机。于是，曾参提出了"反省内求"的修养办法，不断检查自己的言行，使自己修炼出理想的人格。《论语》中多次谈到自省的问题，要求孔门弟子自觉地反省自己，进行自我批评，加强个人思想和道德修养，改正自己言行举止上的各种错误。这种自省的道德修养方式在今天仍有值得借鉴的地方，因为它特别强调进行修养的自觉性。

"吾日三省吾身"，首先是修身。有哲人云："正人先正己，不正己焉能正人？"圣人修身，在于养性。每日三省，防微杜渐，久而久之，必然修成正果。儒家修身，意在齐家，所谓"诗书传家，儒风楹第"，概出于此。"朱子格言"，"曾文正公家书"，已成为儒门齐家的传世之言，为历代文人墨客所推崇。修身、齐家，志在"治国、平天下"，要承担时代赋予的使命，必须经历修身齐家的过程，付出辛劳的代价，才能在其位，谋其事，胜其任，忠其职。

在"吾日三省吾身"里，曾子把诚信作为修身的重要内容，反问"与朋友交而不信乎？"诚信是为人之本，人无信则行不端，行不端则疏君子。言而无信，行而无终，欺骗朋友是儒家学派所唾弃的。

"吾日三省吾身"还把尊师重教作为"省"的重要方面。曾子曰："传不习乎？"就是说，师长讲解的课程是否温习，是否铭记在心。从曾子的问话中可以看到，儒家弟子的"师道尊严"观念是很强烈的。

此外，"吾日三省吾身"不仅仅是圣人所为，普通百姓也要知道这个道理。俗语说得好，金无足赤，人无完人。我们每个人都有缺点，都会犯错误。我们党的卓越领导人刘少奇同志在《论共产党员的修养》一书里，就提倡党员要"吾日三省吾身"。

自古以来，凡成大业者，无不把反省作为自己提升修养的重要手段。时至今日，我们更要以古人为楷模，常思常省，吐故纳新，不辜负新时代对我们的期望。

【建议】

教育家波斯纳曾指出：没有反思的经验是狭隘的经验，至多只能形成肤浅的知识。为此，他提出了一个教师成长的公式：经验＋反思＝成长。相反，如果一个教师仅仅满足于获得经验而不对经验进行深入的思考，那么，即使有20年的教学经验，也许只是一年工作的20次重复。我国著名心理学家林崇德也提出"优秀教师＝教学过程＋反思"的成长公式。既然教学反思对教师专业发展具有如此重要的作用，那么我们要如何进行教学反思呢？

课堂教学是一门"遗憾的艺术"，而科学、有效的反思可以帮助我们减少遗憾。思之则活，思活则深，思深则透，思透则新，思新则进。反思自己的教学行为，总结教学的得失与成败，对整个教学过程进行回顾、分析和审视，才能形成自我反思的意识和自我监控的能力，才能不断丰富自我素养，提升自我发展能力，逐步完善教学艺术。

勇于实践，勤于反思，善于在反思中小结与调整，是教师自主发展的最经济、最有效的途径。反思与他们的自主发展有着密切的关系。对于教师来说，"反思教学"就是他们自觉地把自己的课堂教学实践作为认识对象，而进行的全面而深入的思考和总结。它是一种用来提高教师自身业务，改进教学实践的学习方式。通过反思教学，教师可以不断对自己的教育实践进行深入反思，积极探索与解决教育实践中的一系列问题。

其实，反思的意识在我国古代早已有之，如"反求诸己""扪心自问""吾日三省吾身""人贵有自知之明"等就是佐证。从语文学科的特点来说，语文教师比其他学科教师更具有反思的条件和能力。写作是语文教师的特长，也是语文教师的分内事。语文教师只有多读多写，以写促读，才能更好地提高自身文化素养，提高语文教学的有效性。实践证明，反思对教师的自主发展有着不可替代的作用。正如考尔德希德所言，"成功的有效率的教师倾向于主动地创造性地反思他们事业中的重要事情，包括他们的教育目的、课堂环境，以及他们自己的职业能力"，"反思被广泛地看作教师职业发展的决定性因素"。相反，如果一个教师满足于现状，浑浑噩噩不思进取，那么，他（她）将永远地停留在原来的水平上，而得不到应有的发展。

第十一节　他山之石，可以攻玉

【故事】

邵雍是北宋鸿儒，一代易学大师。他在修身处世方面信奉"他山之石，可以攻玉"的准则。他把受到的侵犯欺凌比作砺石，把品行高尚的人比作美玉，要成就美玉，必然要经过砺石的琢磨。由此看来，所谓的侵犯欺凌就成了使自己磨炼成为"美玉"的好事。

邵雍对"他山之石，可以攻玉"这样解释道：玉，是温润的物品，如果用两块玉石来互相琢磨，肯定磨不成美玉。必须得用粗糙的砺石才能磨出真正的美玉。

【分析】

"他山之石，可以攻玉"，表面的意思是说，别的山上的石头可以作为砺石，用来琢磨玉器。后喻指他人的做法或意见能够帮助自己改正错误、缺点或提供借鉴。

"他山之石，可以攻玉"这一富有哲理的成语，出自《诗经·小雅·鹤鸣》。这一两千多年前古人智慧的结晶，到现在依然闪耀着理性的光辉。一位教师即便再优秀，也不可能在修养、学识、才能等方面完美无缺，没有任何进步的空间。"三人行，必有我师焉"，学习其他教师的优点，改正自己的错误与不足，丰富自己的教学手段，启发自己的教学思路，既是教师职责的基本要求，也是成为学习型教师的必由之路。

【建议】

他山之石，可以攻玉。在工作中要着重抓好两个方面，即借鉴和创新。所谓借鉴就是"古为今用，洋为中用"，准确地讲，就是把有利于自身发展的方法、技术、管理等"拿来"为我所用，这样不但可以节省大量的人、财、物的投入，还可以节省大量的时间。创新就是有继承、有发展，即在"他山之石"的基础上，根据自身的实际，创造性地利用"他山之石"。囫囵吞枣式地引进，反而可能会造成梗阻，不利于自身的发展。